습관은 실천할 때 완성됩니다.

좋은습관연구소가 제안하는 59번째 습관은 "콘텐츠 기업이 되는 습관"입니다. 콘텐츠라는 단어는 이제 미디어 기업에만 국한해서 사용하지 않습니다. 제조 기업이나 서비스 기업에서도 자신의 브랜드(상품)를 콘텐츠로 해석하고, 나아가 IP(지식재산권)로 관리해나가고 있습니다. 이는 새로운 마케팅 트렌드이기도 합니다. 이런 분위기에서 콘텐츠와 IP는 무엇이고 팬덤은 무엇이며, 그동안 미디어 기업에서는 어떤 식으로 관리했으며, 어떻게 자신들의 비즈니스 영역 확장에 활용했는지 살펴보고자 합니다. 콘텐츠와 IP와 팬덤, 나아가 액체 미디어 시대에 대한 이해는 이제 "모든 기업이 해야 하는 일"이 되었습니다.

모든 것이 콘텐츠다

유동하는 액체 미디어 시대의 IP 전략

이성민 지음

콘텐츠 기업이 되는 습관

좋은습관연구소

〈케이팝 데몬 헌터스〉가 우리에게 남긴 숙제

〈케이팝 데몬 헌터스〉(이하 '케데헌')가 끝 모를 인기를 누리고 있다. 서울의 많은 명소가 주목을 받고 있으며, 케이팝과 한국 문화 전체에 관한 관심도 이전보다 더 높아지고 있다. 북촌 한옥 마을, 낙산공원, 올림픽주경기장 등 작품의 배경이 된 곳은 이미 케데헌을 즐기는 팬들의 '성지'가 되었다. 검색량 증가는 물론이고, 한국관광공사는 '케데헌 속 한국 명소 알리기' 캠페인을 진행 중이기까지 하다.

그리고 영화에 등장한 호랑이와 까치, 그리고 전통 모자인 갓 등 한국 고유의 문화 요소가 현대적 감각으로 재해석된 상품들도 사랑을 받고 있다. 그 여파로 국립중앙박물관의 문화 상품인 '뮟즈'(뮤지엄 굿즈)가 품절 대란을 겪는 일도 일어났다. 여기에 주인공들이 먹던 김밥, 컵라면도 인기다. K푸드 열풍과 맞물려, 너도나도 꼭 먹어야 할 음식으로 SNS 인증 열풍을 만들고 있다. 이처럼 케데헌이 K-POP과 한국 문화에 대한 전 세계적인 관심을 불러일으키고 있다.

그럼에도 한국의 문화가 담긴 콘텐츠를 글로벌 기업이 활용해서 거둔 성과라는 점에서 한국인이 느끼는 충격 또한 적지 않다. 일각에서는 이를 계기로 한국이 콘텐츠 IP 경쟁력을 높여야 한다고 주장하기도 한다. 케데헌의 거대한 성공은 과연 우리에게 어떤 화두와 숙제를 던져주는 것일까?

이 책을 시작함에 앞서, 케데헌의 사례를 이야기하는 이유는 분명하다. 케데헌은 콘텐츠 IP(Intellectual Property, 지식재산권) 비즈니스의 가장 최신 사례다. 이 사례를 출발점으로 삼아 이 책의 논의를 따라가 보면, 지금의 미디어 환경, 즉 '액체 미디어' 환경에서 IP가 중요해진 이유와 콘텐츠 기업으로서 가져야 할 전략을 깊이 고민해볼 수 있기 때문이다.

하나씩 살펴보자. 먼저 IP의 권리 측면에서 가장 큰 관심을 모은 것은 케데헌을 제작한 소니가 넷플릭스에게 모든 IP 권리를 다 넘겼다는 사실이다. 소니는 넷플릭스와 2021년 OTT 스트리밍 독점 계약을 맺으며 별도의 '직행 스트리밍' 협정(direct-to-platform)을 맺었는데, 핵심 내용은 작품당 최대 2,000만 달러의 사전 협상 프리미엄을 받는 대신 넷플릭스가 판권을 독점하는 것이었다. 그 결과 소니는 케데헌의 기획, 개발, 제작 과정 모두를 담당했지만, 정작 IP의 권리는 자신의 것으로 하지 못했다. 해당 계약은 극장 시장의 불확실성이 높았던 팬데믹 기간에 이루어진 다소 특수성이 포함된 케이스인데, 글로벌 기업인 소니 조차도 IP를 넷플릭스에 넘겨주는 계약을 했다는 사실이, 한때 〈오징어 게임〉으로 IP의 중요성에 눈을 뜨기 시작한 한국인들에게는 꽤 충격적인 일로 비춰진다.

소니가 왜 그런 판단을 한 것일까? 세평가들이 얘기하는 것처럼 이는 잘못된 판단인 걸까? 언제나 비평은 사후적이다. 지금에서야 어마어마한 성공을 거둔 작품을 헐값에 넘겨준 계약이라는 평가를 받지만, 기획 개발 당시에는 누구도 성공 가능성을 예측할 수 없는 불확실한 상품일 뿐이었다. 그런 상황에서 안정적인 이익을 거둘 수 있는 계약이라는 점은 소니 입장에서는 무척 합리적인 의사 결정이었을 것이다. 실제로 소니는 넷플릭스와의 계약을 통해 팬데믹 기간의 극장 산업의 어려움을 돌파할 재원을 확보할 수 있었다.

오히려 이 대목에서 주목해야 할 점은 넷플릭스가 큰 리스크를 감내하고 지속적으로 투자를 이어갔다는 점이다(케데헌의 성공 이후, 제대로 된 굿즈가 없어서, 직접적인 IP 상품이 아닌 한국의 뭇즈가 품절되는 현상을 보면, 넷플릭스 역시 이 작품의 성공을 충분히 예측하지 못했음을 알 수 있다). 결과적으로 소니는 여러 핵심 IP 포트폴리오에서 실험적인 IP를 단기 재무 성과 확보 대상으로 선택했지만, 넷플릭스는 자신들이 핵심 IP를 확보해야 하는 입장에서 실패 가능성을 따지지 않고 과감하게 투자를 한 셈이다. 두 기업 모두 전략적 선택을 했지만, 결과적으로 보게 되면 IP 권리를 확보한 넷플릭스의 승리라고 볼 수 있다.

다만 아쉬운 것은 소니가 '모든' 권리를 넷플릭스에 넘기지 않고, 권리 '일부'를 쪼개 갖고 있었으면 어땠을까 하는 점이다. 예를 들어 스트리밍 공개 이후의 극장 개봉 권리, 아시아에서의 부가 사업권 등과 같이, 넷플릭스가 탐내지 않았을 일부 권리를 확보했다면 어땠을까? 물론 이러한 것도 권리 확보 이후의 비즈니스 전략이 필요하고, 이에 상응하는 재정적 투자 역시 이루어져야 함을 의미하기 때문에 쉬운 결정은 아니었으리라 판단된다. 즉 IP 권리에 대한 인식과 더불어, IP 비즈니스의 전략, 리스크를 감내할 수 있는 재무적 기반이 갖춰져야 일부 권리의 획득도 의미가 있다는 뜻이다.

그럼에도 소니가 이번 케데헌의 IP 비즈니스에서 완전한 '패자'라고 말할 순 없는 것이 케데헌의 성공을 이어나갈 다음 작품을 만들 수 있는 것은 여전히 소니이기 때문이다. 콘텐츠의 '핵심 경험'을 제공할 수 있는 창의성의 기반이 소니에게 있다는 것은 권리의 문제가 아니라 성공한 콘텐츠를 만들어본 경험의 문제다. 그런 점에서 볼 때 케데헌의 세계를 만든 크리에이터 메기 강 감독의 참여는 후속 작품의 성공을 위해서는 매우 중요하다.

크리에이터의 창의성이 누락된 IP는 금방 생명력을 잃어버릴 수 있다. 즉 IP 권리가 넷플릭스에게 있음에도 여전히 크리에이터 입장에서는 후속 작업을 통해 전작의 성공을 적절히 보상받는 협상력을 가질 수 있다. '권리 확보'가 모든 기회를 다 넘긴 것도 아니며, 본격적인 IP 비즈니스는 이제부터가 '시작'임을 알 수 있는 대목이다.

케데헌이 앞으로 만들 IP 비즈니스의 원천은 무엇일까? 케데헌은 IP 가치의 원천이 '팬덤'에게서 나온다는 점을 재미있게도 작품의 스토리 자체로도 말한다. 케데헌의 세계관 속에서 '혼문'은 세계를 지키는 힘의 원천이자, 위기를 막는 열쇠 같은 장치다. 그런데 이 힘은 누군가의 천재성이나 영웅적 능력만으로는 발휘되지 않는다. 오직 팬들의 마음(지지, 응원, 연대)이 모였을 때만 작동된다. 이처럼 케데헌은 자신의 작품 속 스토리를 통해 앞으로 자신이 나아가야 할 방향, 누구와 함께 갈 것인지를 분명히 얘기한다. 바로 케데헌의 팬이다.

팬의 마음을 얻으면서 시작된 IP의 세계는 팬의 성장과 함께 비즈니스도 같이 성장한다. 여기에는 팬의 열광이 시작되는 '핵심 경험'이 중요하다. 핵심 경험이 유지되기 위해서는 작품 자체를 넘어서 일상에서도 이어질 수 있는 여러 기반이 필요하다. 즉 굿즈라거나 속편의 제작이거나 다양한 파생 콘텐츠가 만들어질 때, 핵심 경험은 확장되고 IP의 힘은 성장한다.

실제로 케데헌 이후 한국의 관광 상품이 개발되고, 영화에 등장한 라면이 한국의 식품 기업을 통해서 런칭되는 등 관련 IP 비즈니스의 빠른 성장은 팬과 함께 여러 콘텐츠 제작사나 서비스사 등이 한데 어우러질 때 가능했다. 간혹 개인을 대상으로 서비스하던 OTT 콘텐츠가 극장에서 상영되는 것을 볼 때도 있는데, 이 또한 팬덤의 열망 곧 핵심 경험의 확장이라고 할 수 있다. 넷플릭스가 케데헌을 비롯해 자사의 IP를 체험할 수 있는 공간인 '넷플릭스 하우스(Netflix House)'의 개장을 준비하는 것도 팬덤의 열망을 수용하고자 하는 시도로 볼 수 있다.

이처럼 슈퍼 IP의 탄생과 성장은 개별 콘텐츠 기업만의 힘으로는 어렵다. 오리지널 작품은 IP가 성장의 가장 핵심적인 출발점이지만 그것이 전부가 되어선 안 되고, 일상에서 IP 경험을 만들어낼 수 있는 여러 기업과 크리에이터과의 협력이 있을 때 슈퍼 IP는 태어날 수 있다. IP 권리를 일부 나누어 생태계를 키우고 여기에 자격을 갖춘 누구든 참여할 수 있게 해주는 '라이선싱'이 중요한 이유도 여기에 있다.

케데헌이 한국 기업이 만든 콘텐츠도 아니고 IP 권리도 없지만, 핵심 경험을 확장하는 일에 우리 기업이 기여할 수 있다면, 케데헌이 거둔 성과를 함께 나누어 받는 것이 된다. 우리가 만들고 우리가 유통한 작품은 아니지만, 케데헌에서 촉발된 팬덤을 바탕으로 새로운 콘텐츠 비즈니스 기회를 찾는 것이 우리의 숙제가 되어야 하는 이유다.

케데헌 IP는 이제 막 성장을 시작했다. 케데헌을 경험한 세대는 연대감을 이루며 케데헌이 낳은 새로운 콘텐츠를 계속 소비하려 할 것이다. 기업과 크리에이터들은 계속해서 새로운 즐길 거리를 공급하며 더 오랜 기간 영광을 누리려 할 것이다. 이러한 결과물은 결과적으로 '슈퍼 IP'로 이어진다. 케데헌은 이제 그 첫발을 뗀 셈이다.

끝으로, 왜 한국은 케데헌 같은 작품을 못 만드느냐, 그리고 왜 우리에게는 이런 IP가 없느냐는 질문을 많이 한다. 이 책을 찾아 읽는 이유도 어쩌면 그런 갈망 때문인지도 모른다. 결론적으로 얘기해, 우리도 슈퍼 IP를 갖고자 하는 열망이 분명 큰 의미가 있음은 분명하겠지만, 앞서 얘기한 대로 IP 생태계에 어떤 전략으로 참여해서, 어떤 기여와 수혜를 주고받을 것인가를 고민하는 것이 보다 현실적인 선택이다. 즉 우리가 잘할 수 있는 것과 적절한 참여를 통해 이익을 얻을 수 있는 것을 구분해서 볼 필요가 있다는 것이다.

모든 것을 가지려는 것이 아니라 일부라도 전략적으로 취하는 것이 장기적으로 우리 손으로 우리의 슈퍼 IP를 만들어 내는 방법이다.

머리말: 콘텐츠 IP, 산업의 판을 바꾸다

우리는 지금 콘텐츠가 넘쳐나는 시대를 살고 있다. 매일 새로운 드라마가 공개되고, 수많은 영상이 업로드 되며, 웹툰과 웹소설이 우리의 시간을 차지한다. '크리에이터 이코노미'라는 말이 낯설지 않을 만큼 콘텐츠 제작과 소비가 일상이 되었다. 그런데 정작 콘텐츠를 만드는 사람들은 불안하다.

"콘텐츠만으로는 돈을 벌기 어렵다는데, 어떻게 해야 할까?" "예전에는 통했던 방법이 지금은 왜 안 될까?" "모두가 콘텐츠 IP에 대해 이야기 하지만, 정확히 IP란 무엇인가?" 이런 질문은 이제 막 콘텐츠를 만들기 시작한 크리에이터만의 것은 아니다. 오랫동안 콘텐츠 업계에서 일해온 제작자와 기업의 마케터, 그리고 필자와 같은 연구자까지 모두가 같은 문제를 고민하고 있다.

지난 10년간 콘텐츠 IP 분야를 연구하고 정책을 만들며 현장을 지켜본 결과, 한 가지 분명해진 사실이 있다. 그것은 그동안 알고 있던 콘텐츠 세계의 게임의 룰이 완전히 바뀌었다는 것이다.

과거의 규칙은 단순했다. 좋은 작품을 만들어서 TV나 극장에 내보내면 사람들이 주목했고, 그것으로 수익을 만들면 됐다. 각 미디어는 저마다의 영역이 확실했고, 비즈니스도 그 중심으로 돌아갔다. 하지만 디지털 기술은 이 모든 경계를 무너뜨렸다.

이제는 모든 콘텐츠가 하나의 화면 안에서 경쟁하기 시작했다. 경계가 명확한 '고체 미디어'가 아닌, 디지털 환경에서 융합된 '액체 미디어'로 변화했다. 이러한 환경에서는 더 이상 특정 방송사나 플랫폼을 따라가지 않고, 자신이 좋아하는 이야기와 캐릭터, 즉 'IP'를 따라간다. 바로 이 지점에서 책은 출발한다.

필자는 앞으로 IP가 단순히 법적 권리나 하나의 잘 된 콘텐츠가 아니라, '브랜드 가치'와 '비즈니스 파이프라인'까지 포괄하는 다차원적인 개념이며, 그 원천에는 팬들의 마음속에 축적된 '경험'이라는 무형의 자산이 자리하고 있음을 이야기하고자 한다. 더 나아가 'IP'라는 단어를 둘러싼 모호함과 불안감을 걷어내고, 그것이 왜 지금 우리 시대 비즈니스의 가장 중요한 구심점이 되었는지를 보여주고자 한다.

이 책은 총 5부로 구성되어 있다.

1부 "콘텐츠의 판이 바뀌다"에서는 우리가 마주한 미디어 환경의 근본적인 변화를 진단한다. '액체 미디어' 시대의 도래가 어떻게 대중의 주목을 이동시켰는지, 그리고 그 속에서 왜 IP가 새로운 비즈니스의 중심으로 떠오르게 되었는지를 살펴본다. 또한 '작품' '콘텐츠' 'IP'의 개념적 차이를 알아보고, 오늘날의 IP 확장이 과거의 OSMU와 어떻게 다른지 논의하며, IP 시대를 이해하기 위한 가장 기본적인 토대가 무엇인지를 확인한다.

2부 "IP의 출발점, 경험"에서는 이 책의 가장 핵심적인 질문, 즉 '경험은 어떻게 IP가 되는가'에 대한 답을 찾으려 한다. 순간적으로 스쳐 가는 '체험'이 팬들의 삶 속에서 의미 있는 '경험'이라는 자산으로 전환되는 과정을 검토하고, 성공적인 IP가 공통으로 가진 '원천 경험'의 조건이 무엇인지 분석한다. 나아가 경험을 확장시키는 '콘텐츠의 서비스화'와 이를 다시 현실로 확장하는 '굿즈와 오프라인 공간'의 역할을 살펴본다.

3부 "IP 가치의 근원, 팬덤"에서는 IP 가치의 가장 중요한 원천인 팬덤에 대해 이야기 한다. 취향을 깊이 파고드는 '디깅 모멘텀'이 어떻게 새로운 문화가 되었는지 살펴보고, 팬덤이 수동적인 소비자에서 콘텐츠를 재창조하는 '생산적 수행자'로 진화한 과정을 분석한다. 그들을 움직이는 '하위문화자본'과 '기여의 욕망'을 살펴보고, 그들의 열정을 이끌어낼 방법에 대해 검토한다.

4부 "IP 비즈니스 실행 전략"에서는 보다 실질적인 IP 성장 전략을 다룬다. 매니지먼트의 중요성부터 콘텐츠를 다양한 '재료'로 쪼개고 팬덤의 정체성을 담는 '토템'을 발굴하는 법, 그리고 캐릭터에 살아있는 '페르소나'를 부여하는 전략을 살펴본다. 나아가 휴먼 IP와 게임 IP 등의 특징과 '스몰 IP'의 성장 전략 등 구체적인 IP 성장 전략을 검토한다.

5부 "지속 가능한 IP 생태계"에서는 시야를 넓혀 산업 전체를 조망한다. 건강한 IP 생태계를 위한 조건과 국가별 팬덤 문화의 특성을 살펴보고, IP의 가치를 측정하는 기준을 제시한다. 또한 성공적인 파트너십의 조건과 새로운 시대의 마케터의 역할에 대해 논의한다.

이 책은 콘텐츠를 통해 성장하고 싶은 모든 창작자와 마케터, 새로운 시대의 비즈니스 전략을 고민하는 기업의 리더,

그리고 이 역동적인 산업을 공부하는 학생들을 위해 쓰여졌다. 2016년, IP라는 단어조차 생소했던 시절에 정책 보고서를 쓰기 시작했던 한 연구자의 고민을 출발점으로 해서, 지난 10년 동안 현장과 이론을 오가며 다진 연구 결과물을 담았다.

콘텐츠의 판은 이미 바뀌었다. 이제는 당신이 만든, 그리고 당신이 사랑하는 그 모든 '경험'을 어떻게 '자산'으로 만들 것인지 고민해야 하는 시간이다. 부디 이 책이 거대하고 불확실한 IP의 시대를 항해하는 당신에게, 조금이나마 신뢰할 수 있는 지도와 나침반이 되어주기를 기대하고 응원해본다.

목차

1부. 콘텐츠의 판이 바뀌다

1. 액체 미디어 시대의 도래와 주목의 이동 — 22
2. 콘텐츠 IP, 무엇인가: 권리, 브랜드, 파이프라인 — 28
3. IP의 법적 토대: 저작권과 상표권 — 35
4. 작품, 콘텐츠, IP는 어떻게 다른가 — 44
5. IP는 어떻게 기존의 OSMU와 달라졌는가 — 51
6. 콘텐츠의 서비스화: 끝나지 않는 이야기의 시작 — 59

2부. IP의 출발점, 경험

7. 경험은 어떻게 IP 자산이 되는가 — 68
8. 좋은 경험의 조건: '원천 경험'을 찾아서 — 75
9. 경험의 확장: 굿즈와 오프라인 공간의 역할 — 85
10. 체험과 경험의 차이 — 92

3부. IP 가치의 근원, 팬덤

11. 디깅 모멘텀: IP는 어떻게 시대정신이 되었나   100

12. 팬덤이란 무엇인가: 능동적 수용자에서 생산적 수행자로   105

13. 팬덤의 성장 동력, 하위문화자본과 기여의 욕망   112

14. 팬덤을 위한 '놀이터' 설계하기   118

4부. IP 비즈니스 실행 전략

15. IP 전략의 시작: 확보와 매니지먼트   128

16. 콘텐츠 IP의 재료들: 무엇을 쪼개고 활용할 것인가   135

17. '토템'으로서의 IP: 팬덤의 정체성을 담는 상징   142

18. 캐릭터는 어떻게 페르소나를 얻는가   148

19. 휴먼 IP와 캐릭터 IP   156

20. 체험 중심 IP 확장의 어려움과 해법   163

21. 스몰 IP는 어떻게 성장하는가: 린 스타트업 전략   169

22. 수익 모델 탐구: 가치는 연결에서 나온다   176

23. IP 비즈니스, 실패에서 무엇을 배울 것인가   184

5부. 지속 가능한 IP 생태계

24. 한국형 IP 생태계의 과제와 가능성	194
25. IP 가치의 방정식: 규모 × 강도 × 시간	202
26. 팬덤의 지형학: 세대, 국가별 차이 읽기의 전략	209
27. 좋은 파트너를 만나는 법	217
28. 콘텐츠 마케터의 새로운 역할	226
29. 지속 가능한 생태계를 위하여	232
30. 콘텐츠 비즈니스 현장의 질문들	239

정리. 콘텐츠 기업이 꼭 갖춰야 할 7가지 습관	248
에필로그	270

1부

콘텐츠의 판이 바뀌다

ㅤ

1

액체 미디어 시대의 도래와 주목의 이동

콘텐츠 산업의 판이 바뀌었다. 불과 몇 년 전까지만 해도 특정 업계에서만 쓰이던 "IP(Intellectual Property)"라는 단어는 이제 콘텐츠 비즈니스 논의의 중심에 자리하고 있다. 왜 우리는 지금 이토록 콘텐츠 IP에 주목하고 있는 걸까?

어떤 이들은 법적 권리 확보의 중요성을 이야기하고, 다른 이들은 새로운 수익 창출의 가능성을 말한다. 모두 맞는 말이다. 하지만 현상의 본질을 이해하려면 조금 더 근본적인 질문에서 출발해야 한다. 바로 우리가 발 딛고 있는 미디어 환경 자체가 어떻게 변했는가에 대한 질문이다.

변화의 핵심은 대중의 '주목'이 머무는 곳, 즉 비즈니스 무게중심의 이동에 있다. 우리가 경험했던 단단하고 안정적인 미디어의 시대는 저물고, 모든 경계가 허물어지며 끊임없이 형태를 바꾸는 "액체 미디어(Liquid Media)"의 시대가 시작된 것이다.

과거 우리가 경험했던 미디어 환경은 지극히 '고체적(Solid)'이었다. 극장은 극장이었고, 텔레비전 수상기는 텔레비전이었으며, 책은 묵직한 종이 묶음이었다. 각각의 미디어는 분절된 채 각자의 영역을 굳건히 지켰고, 우리는 미디어의 이름으로 콘텐츠 소비자를 분류했다. 영화를 보는 사람은 '관객'이었고, TV를 보는 사람은 '시청자'였으며, 책을 읽는 사람은 '독자'였다. 특정 미디어 앞에 습관처럼 모여드는 고정된 이용자 집단, 즉 '미디어의 팬덤'이 존재하던 시절이었다.

그동안의 미디어 비즈니스의 핵심은 바로 이 예측 가능한 주목을 파는 것이었다. 특히 광고에 기반을 둔 방송 산업의 비즈니스 모델은 '수용자 상품론'이라는 개념으로 설명되곤 했다. 이는 방송 콘텐츠에 주목하는 수많은 시청자의 눈과 시간을 하나의 상품으로 간주하여 광고주에게 판매하는 시장을 의미한다. '시청률'이라는 지표는 그렇게 모인 사람들의 규모를 측정하고 판매하기 위한 핵심 기준이었다. 미디어 자체가 사람들을 끌어모으는 강력한 '구심점'이었기에 가능한 모델이었다. 여기에서 콘텐츠는 공개 직후 성과를 확인한 뒤 다음 작품으로 넘어가는, 한 편으로 완결되는 상품(Product)에 가까웠다. 창작자들 역시 하나의 작품을 완성하는 것으로 자신의 역할을 다했다고 여겼다.

하지만 디지털 기술은 이 단단하던 미디어의 경계를 녹여내기 시작했다. 우리는 이제 하나의 '디지털 스크린'을 통해 영화와 드라마를 보고, 도서와 웹툰, 웹소설을 읽는다. 과거에 분리되어 있던 모든 미디어가 소프트웨어의 형태로 하나의 스크린 안으로 융합된 것이다. 필자는 이러한 현상을 두고, 사회학자 지그문트 바우만이 사용했던 '액체 근대(Liquid Modernity)'라는 개념을 빌려 '액체 미디어(Liquid Media)'라고 부르고자 한다. 액체는 어떤 그릇에 담기느냐에 따라 모양이 바뀐다. 오늘날의 스트리밍 미디어는 본질적으로 디지털 코드 몇 줄을 수정하는 것만으로도 얼마든지 그 형태를 바꿀 수 있다는 점에서 액체와 같다. 구독형 서비스(SVOD)[1]의 상징이었던 넷플릭스가 광고 기반 모델(AVOD)[2]로 쉽게 전환하는 모습은 이러한 유동성을 잘 보여준다.

미디어가 액체화되자 기존의 비즈니스 규칙이 흔들리기 시작했다. 사람들은 더 이상 하나의 미디어 앞에 고정되지 않고, 필요와 취향에 따라 여러 플랫폼을 자유롭게 넘나들었다. 우리는 이제 웹툰을 보다가 화면을 전환해서 드라마를 보고, 다시 다른 탭을 열어 굿즈를 구매하는 시대에 살고 있다. 이제 특정 미디어의 시청률이나 관객 수만으로는 사람들의 관심과 주목을 온전히 측정하기는 어렵다. 광고주 입장에서는 어디에 돈을 써야 할지 종잡을 수 없는 시대가 되었다.

바로 이 지점에서 IP가 새로운 구심점으로 떠오르기 시작했다. 사람들은 더 이상 특정 채널이나 플랫폼이 아니라, 자신이 사랑하는 'IP' 앞에 모여들었다. 어디에서 무엇으로 보

---

[1] SVOD(Subscription Video On Demand)는 '구독형 주문형 비디오 서비스'를 말한다. 사용자가 일정 금액을 정기 구독료로 지불하고, 원하는 콘텐츠를 자유롭게 시청하는 방식이다.

[2] AVOD(Advertising Video On Demand)는 '광고 기반 주문형 비디오 서비스'를 말한다. 사용자가 구독료를 내지 않거나 저렴하게 이용하고, 대신 광고를 시청해야 콘텐츠를 볼 수 있다.

든, 그들이 〈슬램덩크〉를 보고 있다는 사실, 〈스누피〉를 좋아한다는 사실은 바뀌지 않았다. IP는 기업과 마케터의 입장에서 흩어진 대중의 주목을 가장 효과적으로 파악하고 공략할 수 있는 단위가 된 것이다. 또한 IP는 과거의 '어제 뭐 봤어?'라는 대화가 불가능해진 시대에 새로운 공감의 매개물이 되었다. 사람들은 이제 IP를 단위로 공감을 형성하고 대화를 나눈다. IP가 팬덤을 모으는 새로운 거점이자, 비즈니스의 중심축이 된 셈이다.

이러한 변화를 상징적으로 보여준 사례가 바로 〈펭수〉[3]였다. 펭수가 인기를 얻기 시작하자 자신의 채널과 방송사를 넘어 다른 방송 프로그램으로도 출연하기 시작했다. EBS 소속의 캐릭터인 펭수가 MBC나 SBS 같은 경쟁 방송사에 출연하는 것은 과거의 시각으로는 상상하기 어려운 일이었다. 자사의 미디어에 시청자의 주목을 묶어두는 것이 최선이었던 시대라면 말이다. 하지만 IP의 관점에서는 EBS 시청률을 소

---

3 펭수는 EBS가 제작한 유튜브 채널 '자이언트 펭TV'에 등장하는 펭귄 캐릭터다. 2019년 데뷔 이후 남녀노소 모두에게 폭발적인 인기를 얻으며 단순한 교육 방송 캐릭터를 넘어선 '국민 캐릭터'로 자리 잡았다. 펭수는 'EBS 아이돌 연습생'이라는 독특한 콘셉트를 가지고 있다. 남극에서 온 10살 펭귄으로, 정형화되지 않은 솔직하고 거침없는 언행으로 폭넓은 세대에게 큰 사랑을 받았다. '자이언트 펭TV' 외에도 광고, 콜라보레이션 상품, 에세이집 발간 등 다양한 분야에서 활동하고 있다.

폭 올리는 것보다 펭수라는 IP 자체의 인지도와 팬덤의 강도를 키우는 것이 장기적으로 더 유리한 비즈니스라는 판단이 있었다. 이는 미디어의 힘보다 IP의 힘이 더 중요해졌다는 강력한 증거가 된다.

결국 미디어 환경이 고체에서 액체로 변화하면서 대중의 주목을 이끄는 힘의 원천도 미디어 자체에서 IP로 이동했다. 이는 단순히 기술의 변화를 넘어, 콘텐츠를 기획하고, 유통하며, 수익을 창출하는 모든 방식의 근본적인 재편을 의미한다. 이제 IP는 단순히 잘 만든 하나의 콘텐츠를 넘어, 파편화된 팬덤을 결집시키고 비즈니스를 창출하는 핵심 동력이 되었다. 그리고 그 자체로 하나의 미디어가 되었다. 앞으로 이어질 모든 논의는 바로 이러한 커다란 패러다임의 전환 위에서 시작한다.

2

**콘텐츠 IP, 무엇인가:
권리, 브랜드, 파이프라인**

"그래서, IP가 무엇인가요?"

IP에 대해 연구하던 초기에 이 질문을 받을 때마다 순간적으로 말문이 막히곤 했다. 앞서 우리가 살펴본 것처럼, 미디어 환경의 거대한 변화는 콘텐츠 산업에서 IP의 중요성을 높여주었다. 그런데 정작 IP가 무엇인지 물어보면, 답하기가 생각보다 쉽지 않았다. 그리고 업계에서 만나는 사람들과 이야기를 나누다 보면 같은 'IP'라는 단어를 쓰면서도, 저마다 전혀 다른 것을 떠올리고 있다는 것을 발견할 수 있었다. 게임 회사 임원은 20년 넘게 서비스해 온 게임 프랜차이즈를 IP라고 말했고, 웹툰 플랫폼 관계자는 영상화의 원천이 되는 스토리를 IP라고 불렀다. 캐릭터 사업을 하는 이들은 라이선싱의 대상이 되는 브랜드를 IP라고 했다.

사람들이 IP를 두고서 이렇게 다양한 방식으로 이해하고 있다는 사실은 IP가 가지고 있는 다면적인 특성을 잘 보여준다. 이에 필자는 다년간의 연구를 통해 콘텐츠 IP가 크게 '법적 권리' '브랜드 가치' '비즈니스 파이프라인'이라는 이 세 가지 특성을 동시에 가지고 있다고 정리했다. 이들을 하나씩 들여다보면, 왜 모든 사람들이 IP에 대해 이야기하면서도 서로 다른 언어를 쓰고 있는지 잘 이해할 수 있다. 그리고 더 중요한 것은, 이 세 가지 얼굴을 이해할 때 비로소 IP라는 개념의 진정한 잠재력을 발견할 수 있다.

첫 번째 얼굴, '법적 권리': 비즈니스의 시작과 끝

IP 논의의 가장 근본적인 토대는 '법적 권리'다. IP라는 용어 자체가 '지식재산(Intellectual Property)'의 약자이듯, 그 본질은 법적으로 보호받는 권리의 묶음(Bundle of Rights)에 있다. 브랜드 파워가 아무리 강력해도 그것을 보호하고 소유권을 주장할 법적 권리가 없다면, 모든 비즈니스는 사상누각에 불과하다. 콘텐츠 분야에서 핵심이 되는 권리는 크게 두 가지, 바로 '저작권'과 '상표권'이다.

'저작권'은 창작의 결과물인 저작물에 대해 창작자가 갖는 권리다. 우리가 비즈니스에서 주목해야 할 것은 양도와 거래가 가능한 '저작재산권'인데, 이 안에는 복제, 공연, 방송, 전송 등 여러 권리가 있다. 그중에서도 '이야기' 측면에서 IP 확장의 핵심 동력은 바로 '2차적 저작물 작성권'이다. 웹툰이 드라마로, 소설이 영화로 만들어지는 모든 '장르 확장'은 바로 이 권리에 근거한다.

'상표권'은 콘텐츠의 세계를 넘어 현실의 상품과 서비스를 연결하는 다리 역할을 한다. '뽀로로 음료수'처럼 특정 상품에 콘텐츠의 로고나 캐릭터 이미지를 붙여 상업적 가치를 만들어내는 모든 '부가 사업'은 상표권을 통해 가능하다. 아무리 유명한 IP라도 상표 출원을 미리 해두지 않으면 제삼자가 권리를 가로채는 시도를 할 수 있기에, 사업적 활용을 염두에 둔다면 상표권 확보는 필수적이다.

두 번째 얼굴, '브랜드': 팬덤의 신뢰가 자산이 되는 순간

법적 권리가 IP를 보호하는 울타리라면, 그 안에서 실질적인 가치를 만들어내는 것은 바로 '브랜드'의 힘이다. 상표권이 보호하려는 가치의 원천이 결국 브랜드이듯, IP의 산업적 가치는 그것이 얼마나 강력한 브랜드로 기능하는지에 달려 있다.

과거에는 상품을 만드는 기업만이 브랜드를 가질 수 있다고 생각했지만, 이제는 '콘텐츠도 브랜드가 될 수 있다'는 인식이 널리 퍼져있다. 스타벅스가 단순히 커피가 아닌 '공간과 경험'이라는 브랜드 가치를 파는 것처럼, 잘 성장한 IP는 팬들에게 단순한 재미를 넘어 신뢰와 애정, 특별한 경험을 제공하는 하나의 브랜드 역할을 한다. 그리고 이 힘은 팬덤의 규모와 충성도에 비례한다.

콘텐츠 안의 특정 요소, 특히 캐릭터는 팬들과 직접 소통하는 '가상의 인플루언서'가 되기도 한다. 〈뽀롱뽀롱 뽀로로〉

의 조연 캐릭터였던 '루피'가 '잔망루피'[4]라는 새로운 페르소나를 얻고, 다양한 브랜드의 앰버서더로 활동한 사례가 있다. 이는 콘텐츠 IP가 팬덤의 애정을 기반으로 이미지 정도가 아니라 사람들의 주목을 끌고 다른 브랜드에 영향을 미칠 수 있는 강력한 힘을 갖게 되었음을 잘 보여준다. 특히 한국에서는 카카오 이모티콘처럼 캐릭터가 일상적인 소통의 매개가 되면서, 팬들과 더욱 친밀하고 인격적인 관계를 맺는 독특한 문화가 큰 흐름이 되었다. 이처럼 살아있는 존재처럼 소통하고 관계를 맺으며 쌓아 올린 신뢰와 친밀감이 바로 IP 브랜드의 핵심 가치이다.

세 번째 얼굴, '파이프라인': 지속가능한 성장의 설계도

세 번째 얼굴은 IP를 '비즈니스 파이프라인(Pipeline)'으로 바라보는 관점이다. 이는 콘텐츠 기업이 IP를 어떻게 장기적인 성장 동력으로 삼는지를 잘 보여준다. 제약회사나 게임업

---

[4] '잔망루피'는 인기 애니메이션 〈뽀롱뽀롱 뽀로로〉에 등장하는 수줍음 많고 다정한 비버 캐릭터 루피가 2019년 새로운 모습으로 재탄생하며 얻은 별칭이자 페르소나. '잔망스럽다'는 표현에서 따온 것처럼, 기존의 귀여운 루피 이미지에 엉뚱하고 발칙하며 때로는 속물적인 면모를 더해 큰 인기를 끌었다.

계에서 주로 사용하는 파이프라인이라는 개념은 단기적인 성과가 아닌 지속적인 가치 창출이 가능한 핵심 자산 포트폴리오를 의미한다.

IP 비즈니스 역시 마찬가지다. 하나의 성공한 콘텐츠를 단발성 히트로 끝내는 것이 아니라, 그것을 중심으로 후속 시즌이나 스핀오프[5], 다른 장르의 콘텐츠, 관련 상품 등을 계속해서 선보이며 10년, 20년 이상 비즈니스를 이어간다.

우리가 〈슈퍼 마리오〉나 〈포켓몬스터〉를 떠올릴 때 특정 게임 하나가 아닌 수많은 시리즈와 캐릭터, 애니메이션, 상품 전체를 떠올리듯, IP는 이 모든 개별 콘텐츠를 묶어주는 하나의 거대한 파이프라인이다. 이러한 관점은 콘텐츠를 일회성 '상품'이 아닌 지속적인 '서비스'로 바라보는 '콘텐츠의 서비스화'와 맞닿아 있다. 디즈니가 'D23'[6] 같은 행사를 통해 앞으로 공개될 콘텐츠 라인업을 발표하는 것은, 투자자와 파트너들에게 자사의 파이프라인을 제시하며 장기적인 비즈니스 계획에 대한 신뢰를 구축하는 행위다. 기업은 이 파이프라인

---

[5] 기존 작품에서 파생되어 독립적인 이야기를 만드는 것으로 주로 영화, 드라마, 게임 등에서 사용되며, 원작의 설정이나 캐릭터를 가져와 새로운 이야기를 선보이는 것을 말한다.

[6] D23은 2009년에 창립된 디즈니의 공식 팬클럽 명칭인 동시에 팬 행사인 'D23 엑스포'의 준말이다.

을 통해 안정적인 수익을 창출하고, 이를 다시 새로운 파이프라인을 만드는 데 재투자하며 지속 가능한 성장을 이룬다.

콘텐츠 IP는 세 가지(법적 권리, 브랜드, 파이프라인) 얼굴이 유기적으로 결합된 복합체다. '법적 권리'는 IP의 소유권을 명확히 하고 비즈니스를 보호하는 근간이 된다. '브랜드'는 팬덤의 마음을 얻어 IP에 생명력과 영향력을 부여한다. 그리고 '파이프라인'은 생명력을 장기적인 비즈니스로 전환하는 설계도 역할을 한다. 이 세 가지는 결코 분리될 수 없다. 권리 없는 브랜드는 공허하고, 팬덤 없는 권리는 무의미하며, 파이프라인 없는 IP는 결국 대중들로부터 잊히기 때문이다. 성공적인 콘텐츠 기업이 된다는 것은 이 세 가지 얼굴을 동시에 이해하고 전략적으로 관리하는 능력을 갖추는 것에서부터 시작한다.

3

IP의 법적 토대:
저작권과 상표권

콘텐츠 IP 비즈니스의 모든 활동은 눈에 보이지 않는 권리, 바로 '지식재산권'이라는 법적 토대 위에서 이루어진다. 팬덤의 열광도, 브랜드의 가치도, 파이프라인의 수익도 이 권리를 확보하고 제대로 이해하는 것에서부터 출발한다. 그러나 많은 창작자와 비즈니스 담당자들이 권리의 복잡한 세계 앞에서 어려움을 겪는다. 특히 콘텐츠 산업에서 가장 중요한 두 기둥인 '저작권'과 '상표권'은 권리의 발생 방식부터 보호 대상, 활용 전략까지 모든 면에서 다르기에, 둘의 차이를 명확히 아는 것이 무엇보다 중요하다.

창작자로서 권리를 지키고, 또 사업가로서 그 권리를 활용해 수익을 내기까지 반드시 알아야 할 저작권과 상표권의 핵심을 들여다보자.

창작의 권리, 저작권

저작권의 발생과 본질: 아이디어는 보호받지 못한다

저작권은 인간의 사상이나 감정을 표현한 창작물, 즉 '저작물'을 만든 사람에게 부여되는 권리다. 여기서 가장 먼저 기억해야 할 원칙은 '아이디어와 표현의 이분법'이다. 저작권은 독창적인 아이디어를 보호하는 것이 아니라, 그것이 구체적으로 실현된 '표현'을 보호한다.

"내가 어떠한 생각을 먼저 했는데 저 사람이 베꼈다"라고 주장해도, 그것이 글로 쓰이거나 그림으로 그려지거나 영상으로 만들어지지 않았다면 법적 권리를 주장하기 어렵다. 생각이 아닌, 완성된 결과물만이 저작권의 보호 대상이 되기 때문이다.

저작권의 또 다른 핵심 특징은 권리 발생 방식에 있다. 저작권은 특허나 상표와 달리 별도의 등록 절차를 요구하지 않는 '무방식주의'를 채택한다. 창작자가 자신의 창작물을 세상에 내놓는 '공표' 행위를 하는 순간 권리는 자연스럽게 발생한다. 과거에는 출판사나 방송국처럼 공표를 매개할 힘을 가진 게이트키퍼가 있었지만, 지금은 다르다. 블로그에 글을 올리거나 유튜브에 영상을 게시하는 순간, 창작자는 해당 저작물에 대한 저작권을 갖게 된다.

다만, 분쟁이 발생했을 때 자신이 원저작자임을 증명하는 것은 쉬운 일이 아니다. 그래서 크리에이터라면 한국저작권위원회에서 운영하는 '저작권 등록' 제도를 활용하는 것이 현명하다. 이는 권리를 창설하는 행위는 아니지만, 창작 시점과 권리자를 공적으로 증명하여 법적 안정성을 확보하는 중요한 수단이 된다. 특히 상업적 목표를 가진 저작물이라면 반드시 등록을 통해 권리를 명확히 해두는 습관을 들여야 한다.

저작인격권과 저작재산권: 나눌 수 있는 것과 나눌 수 없는 것

저작권은 크게 두 개의 다발로 나뉜다. 하나는 창작자의 인격과 분리될 수 없는 '저작인격권'이고, 다른 하나는 비즈니스의 대상이 되는 '저작재산권'이다. 저작인격권은 창작자 개인에게만 귀속되며 타인에게 양도할 수 없는 '일신전속권'이다. 여기에는 자신의 작품임을 세상에 알릴 '공표권', 저작자의 이름을 표시할 '성명표시권', 그리고 원작의 내용과 형식을 함부로 바꾸지 못하게 하는 '동일성유지권'이 포함된다. 과거 쿠팡플레이의 드라마 〈안나〉 감독판 논란[7]에서 감독이 해당 작품에서 자신의 이름을 빼달라고 요구한 것도 바로 이 양도 불가능한 저작인격권에 근거한 것이다.

반면, 비즈니스의 핵심은 양도와 거래가 가능한 '저작재산권'에 있다. 이 권리는 저작자 사후 70년간 보호되며 상속되

---

[7] 이주영 감독은 〈안나〉를 8부작으로 만들었으나, 콘텐츠 유통사인 쿠팡플레이가 다른 연출자와 작품을 재편집했고, 이 과정에서 작품이 훼손되었다고 주장했다. "감독을 배제한 채 일방적으로 8부작을 6부작으로 편집해 작품 전체를 훼손했다"는 것을 문제 삼아 소송을 제기했다. 이러한 소송이 가능했던 핵심 근거는 "저작인격권은 저작물을 창작한 창작자에게 전속되는 권리이고, 저작물을 양도하더라도 함께 이전되지 않는다"는 조항이었다. 다만, 법원은 1심과 2심 재판에서 계약서 상의 편집 결정권 조항을 근거로 감독의 동일성유지권 주장을 받아들이지 않았다. 과거 윤태용 감독의 영화 〈베니싱 트윈〉의 경우에는 감독 동의 없는 비디오 판의 편집에 대한 손해배상 청구 소송에서 동일성유지권 침해를 근거로 감독이 승소한 바 있다.

거나 판매될 수 있다. 여기에는 복제권, 공연권, 방송권, 전송권 등 다양한 '지분권'들이 포함되며, 해당 권리들은 각각 쪼개서 계약할 수도 있다. 특히 IP 확장과 관련해 가장 중요한 권리가 '2차적 저작물 작성권'이다. 원작을 바탕으로 속편을 만들거나, 다른 장르로 변용하는 모든 행위가 이 권리를 바탕으로 이루어진다.

이처럼 저작권은 여러 권리의 다발로 이루어져 있기 때문에, 계약서를 작성할 때 '저작권 일체 양도'와 같은 포괄적인 문구는 매우 위험하다. 이는 2차적 저작물 작성권을 포함한 모든 재산권을 넘긴다는 의미일 수 있기 때문이다. 동화책 〈구름빵〉의 작가가 작품의 막대한 부가 사업 수익을 거의 분배받지 못했던 사례는[8] 이 권리의 중요성을 제대로 알지 못

---

8 동화책 〈구름빵〉의 백희나 작가는 2004년 출판사와 매절 계약(買切契約, buyout contract)을 맺어 작품의 저작권 일체를 양도했다. 매절 계약이란 저작권 사용료를 작가(저작권자)에게 한 번에 지급하고, 이후 저작물 이용으로 발생하는 수익을 저작권자가 아닌 계약 상대방(보통 출판사나 콘텐츠 제작사)이 독점하는 방식이다. 즉, 저작권료를 일괄 지급하고 저작물에 대한 권리 전체를 넘기는 형태의 계약이다. 〈구름빵〉의 경우 도서 출간 이후 애니메이션, 뮤지컬, 캐릭터 상품 등으로 확대되었지만, 백 작가는 이 과정에서 수익을 배분받거나 의사결정에 참여하지 못했다. 백 작가는 불공정한 계약을 주장하며 소송을 제기했지만, 법원은 매절 계약의 적법성을 인정했다. 이 사건은 저작권, 특히 2차적 저작물 작성권에 대한 창작자의 인식이 부족할 때 발생할 수 있는 심각한 문제점을 보여주는 대표적 사례로 기록되었다. 이후 사회적 공론화 과정을 거친 후 현재 저작권법에서는 2차적 저작물 작성권 등 주요 권리는 별도 특약으

했을 때 어떤 결과가 초래될 수 있는지를 보여주는 대표적인 케이스다. '2차적 저작물 작성권' 문제에 관해서는 이제 법적으로 계약서에 별도로 명시하는 특약이 있어야만 양도한 것으로 추정한다.

사업의 권리, 상표권

상표권의 목적과 발생: 식별력과 등록주의

콘텐츠 IP가 이야기의 세계를 넘어 현실의 상품과 서비스로 확장될 때, 저작권만으로는 그 가치를 온전히 보호하기 어렵다. 이때 필요한 것이 바로 '상표권'이다. 상표권은 특정 상품이나 서비스의 출처를 나타내어 타인의 것과 구별하게 해주는 모든 '표시(표장)'에 부여되는 권리다. 핵심은 디자인의 아름다움이 아니라, 소비자가 '아, 이건 그 브랜드구나'라고 인식하는 '식별력'이다.

저작권과 가장 큰 차이점은 권리의 발생 방식에 있다. 상표권은 저작권처럼 자동으로 생기지 않는다. 특허청에 권리를 받고자 하는 상표를 '출원'하고, 심사관이 기존 상표와의

로 명시해야만 양도한 것으로 추정하도록 제도 개선이 이루어졌다.

유사성이나 식별력 유무 등을 판단하는 엄격한 '심사'를 거쳐야만 권리가 발생하는 '방식주의(심사주의)'를 따른다. 콘텐츠 창작자들이 이 과정을 낯설어하는 이유는 우리나라의 정부 부처 구조와도 관련이 있다. 저작권은 문화체육관광부가, 상표권을 포함한 산업재산권은 특허청[9]이 관할하다 보니 정보 접근성에 단절이 생길 수 있다. 하지만 굿즈 하나라도 만들 계획이 있다면, 반드시 산업재산권의 영역인 상표권을 이해해야 한다.

상표권의 활용과 한계: 갱신과 지정상품

상표권의 또 다른 중요한 특징은 보호 범위가 '지정 상품'에 한정된다는 점이다. 만약 내가 내 캐릭터를 '컵'이라는 상품 분류에만 상표로 등록했다면, 다른 사람이 그 캐릭터를 '신발'에 사용해도 상표권 침해를 주장하기가 어렵다. 따라서 IP를 활용해 사업을 하고자 하는 모든 상품군에 대해 개별적으로 상표 출원을 고려해야 하는 전략적 판단이 필요하다.

그리고 '갱신'을 통해 권리를 영구적으로 유지할 수 있다는 것도 큰 특징이자 강점이다. 10년의 보호 기간이 만료될

---

[9] 이재명 정부의 정부조직법 개편 논의(2025)에 따르면, 특허청을 '지식재산처'로 격상하는 안이 있다.

때마다 갱신 등록을 하면 권리를 계속 연장할 수 있다. 월트 디즈니의 초기 저작물인 〈증기선 윌리〉의 저작권은 오래전에 만료되었지만, 우리가 여전히 디즈니 로고나 미키 마우스 이미지를 함부로 쓸 수 없는 이유는 디즈니가 상표권을 계속 갱신하며 적극적으로 관리하고 있기 때문이다. 이는 장기적인 IP 비즈니스에서 상표권이 얼마나 중요한지를 잘 보여주는 사례다.

실제로 유명 캐릭터 '펭수'는 초기에 상표 출원을 해두지 않아 제3자가 상표를 도용하려 했던 아찔한 사건을 겪기도 했다. 다행히 펭수의 높은 인지도 덕분에 심사관이 등록을 거절했지만, 만약 인지도가 낮은 IP였다면 권리를 빼앗길 수도 있었다. 이는 아무리 유명한 IP라도 상표권에 대한 인식이 부족하면 큰 위기를 맞을 수 있음을 시사한다.

저작권의 빈틈을 메우다

단순한 토끼 캐릭터 디자인을 두고 벌어진 〈미피〉와 〈부토〉의 저작권 분쟁 사례[10]에서 보듯, 표현이 단순한 캐릭터는

---

10 '미피'의 저작권사는 '부토(부끄러운 토끼)'가 자사의 저작권을 침해했다며 가처분 신청을 냈다. 하지만 법원은 두 캐릭터가 머리를 과장하고 신체 부위를 생략하는 등 토끼를 단순하게 표현한 점은 유사하지만, 입과 귀 그리고 코 등의 개별적 표현에는 차이가 있다는 점을 들어 미피측의 주장을 기각했다.

저작권만으로 모방을 막기 어려운 경우가 많다. 토끼를 귀엽게 그리는 방식이 어느 정도 정형화되어 있다면, 법원은 두 캐릭터 사이의 유사성을 저작권 침해로 인정하지 않을 수 있다. 그래서 저작권의 빈틈을 메우고, 상품화 비즈니스를 안정적으로 전개하기 위한 가장 확실한 방법이 바로 상표권 확보다. 그리고 한 발 더 나아가 '부정경쟁방지법'을 통해서도 널리 알려진 IP에 무단으로 편승하려는 행위를 제재할 수 있다.

저작권과 상표권은 콘텐츠 IP를 지탱하는 두 개의 핵심 기둥이다. 저작권이 창작자에게 자신의 세계를 만들고 확장할 힘을 부여한다면, 상표권은 그 세계의 가치를 현실 세계의 비즈니스로 연결하고 지속시킬 힘을 제공한다. 성공적인 IP 비즈니스는 이 두 권리의 특성을 정확히 이해하고, 창작의 단계에서부터 사업화의 단계까지 유기적으로 연계하며 전략을 수립하는 데서 출발한다.

4

작품, 콘텐츠, IP는 어떻게 다른가

우리는 종종 '작품' '콘텐츠' 'IP'라는 단어를 명확한 구분 없이 사용하곤 한다. 물리적으로는 동일한 하나의 결과물을 가리키는 것처럼 보이지만, 성공적인 콘텐츠 비즈니스를 지향하는 기업과 리더라면 이 세 단어가 품고 있는 미묘하지만 결정적인 차이를 이해해야 한다. 이들 단어는 창작물을 바라보는 근본적인 관점에서 커다란 차이를 품고 있다. 콘텐츠 기업의 생존과 성장은 바로 이러한 간극을 이해하고, '작품'에 대한 존중을 잃지 않으면서도 그것을 '콘텐츠'와 'IP'라는 비즈니스 언어로 번역해 내는 능력에 달려있다.

'작품(作品)': 창작자와 분리될 수 없는 결과물

'작품'은 기본적으로 창작자와의 관계성 속에서 이해되는, 작가주의적 개념에 가깝다. 봉준호 감독의 영화 〈기생충〉을 떠올려 보자. 우리는 이 작품을 얘기하면서 봉준호라는 창작자의 세계관, 그의 연출 의도, 그리고 그가 담아내려 했던 사회적 메시지를 분리해서 생각하지 않는다. 작품은 그 자체로 완결성을 가지며, 창작자의 예술혼이 응축된 결과물이다.

작품의 세계에서 성공이란 작가 자신이 느끼는 만족감과 예술적 성취를 빼놓고 말할 수 없다. 한마디로 '작가와 작품'

은 분리될 수 없는 인격적인 관계를 맺는다. 물론 이러한 작품의 예술적 가치는 위대한 IP의 씨앗이 된다는 점에서 매우 중요하다. 팬들이 마음을 빼앗기는 것은 '작품'이 가진 독창성과 진정성에서 시작되기 때문이다.

'콘텐츠(Content)': 시장에서 거래되는 상품

'콘텐츠'는 바로 작품을 대중이 소비할 수 있도록 상품의 형태로 가공해 놓은 것을 말한다. 우리가 극장에서 구매하는 영화 티켓 한 장, 서점에서 사는 만화책 한 권, 스트리밍 서비스에서 재생하는 음원 하나하나가 모두 콘텐츠다. 즉 콘텐츠는 소비를 전제로 하는 상품(Product)이다. 창작자의 손을 떠나 대중과 직접 만나는 유통의 단위가 바로 콘텐츠다.

'작품'이 창작자의 언어라면, '콘텐츠'는 시장의 언어다. 콘텐츠라는 관점은 창작물을 시장에서 평가받고 거래되는 하나의 객관적인 '상품'으로 바라보는 시선이다. 성공의 잣대 역시 조회수, 매출, 시장 점유율, 고객 반응과 같은 명확한 사업 지표로 판단된다.

콘텐츠 기업은 바로 이 관점을 체화해야 한다. 창작에 대한 열정은 존중하되, 개별 결과물을 시장에서 거래 가능한 대상으로 인식하고, 필요에 따라 전략적으로 해체하고 재구성할 수 있어야 한다. 콘텐츠는 작품의 예술성을 넘어, 철저한 비즈니스 논리에 따라 기획되고 관리되는 전략적 도구이며, 작품성에 더해 IP 가치에 대한 '기여'를 중심으로 평가가 이루어져야 한다.

'IP(Intellectual Property)': 경험을 축적하는 지속 가능한 자산

IP는 작품이나 개별 콘텐츠의 단계를 넘어, 그 자체가 지속적으로 가치를 창출하는 무형의 '자산(Asset)'을 의미한다. '콘텐츠'가 개별 상품이라면, 'IP'는 시간을 견디며 가치를 키워나갈 수 있는 '자산'이다. 단 하나의 콘텐츠로 정의하지 않고, 수많은 콘텐츠와 상품, 그리고 팬들의 활동을 통해 축적된 총체적인 '경험의 거점'으로 이해해야 한다.

우리가 〈아이언맨〉이란 IP를 떠올릴 때 특정 영화 한 편이 아니라, 수십 년에 걸쳐 쌓인 만화, 영화, 캐릭터, 그리고 로버트 다우니 주니어의 연기까지 모든 경험의 총합을 연상하는 것과 같다. 이 과정에서 원작을 만든 개별 작가의 이름은 희미해지고, 콘텐츠 IP 자체의 생명력이 더욱 중요해진다.

IP의 자산화를 위해서는 때로 창작자의 손을 떠나는 과정이 필요하다. 위대한 작가의 독창성은 IP의 시작에 결정적이지만, 그것이 영원히 작가 개인의 통제하에만 머무른다면 확장에 한계가 생길 수밖에 없다.

〈드래곤볼〉의 공식 후속작이 원작자 토리야마 아키라가 아닌 새로운 작가 토요타로에 의해 이어지고[11], 〈스누피〉가 찰스 M. 슐츠 작가 사후 전문 기업의 관리를 통해 새로운 애니메이션으로 재탄생하며 생명력을 얻는 사례는 이를 잘 보여준다[12]. 천재적인 창작자가 자신의 오리지널리티를 지키기 위해 IP를 꽁꽁 묶어두는 순간, 비즈니스로서의 성장은 멈출 수 있다. IP는 작가만의 것이 아니라, 팬들이 참여하고 확장하면서 함께 만들어가는 것이기도 하기 때문이다.

11 〈드래곤볼〉은 토리야마 아키라의 전설적인 작품으로 다양한 콘텐츠로 확장된 바 있다. 드래곤볼의 공식 후속작인 〈드래곤볼 슈퍼〉는 애니메이션과 만화판이 동시에 공개되었는데, 만화의 작화를 원작자가 아닌 토요타로가 맡아서 화제를 모았다.

12 찰스 M. 슐츠는 만화 〈피너츠〉의 창시자다. 슐츠 작가 사후 피너츠 IP를 관리하는 전문 기업인 피너츠 월드와이드(Peanuts Worldwide)가 설립되어 IP의 체계적인 관리를 맡아왔다. 2015년에는 3D 애니메이션 영화 〈스누피: 피너츠 무비〉가 공개되기도 했다. 2017년에는 캐나다의 미디어 기업 와일드브레인(인수 당시 기업 명 DHX 미디어)가 피너츠 월드와이드의 지분 80%를 인수했다. 나머지 20%의 지분은 슐츠의 유족들이 계속 보유 중이다. 와일드브레인은 이후 애플tv 플러스에서 〈더 스누피 쇼〉라는 새로운 애니메이션 시리즈를 공개하며, 스누피 IP의 확장을 계속 시도하고 있다.

관점의 전환: '콘텐츠 공장'에서 'IP 투자사'로

정리하자면, 창작자의 예술혼이 담긴 '작품'이 대중적 소비를 위해 '콘텐츠'라는 상품이 되고, 이것이 법적 권리와 브랜드 가치를 기반으로 장기적인 사업의 '파이프라인'이 될 때, 우리는 비로소 그것을 'IP'라고 부른다. 이 책은 바로 이 세 번째 단계인 IP를 어떻게 발굴하고, 키우고, 가치를 극대화할 것인가에 대한 이야기에 집중한다.

결국 성공적인 콘텐츠 기업은 이 구분을 잘 이해해야 한다. 그리고 스스로를 단순히 좋은 콘텐츠를 생산하는 '콘텐츠 공장'으로 규정해서는 안 된다. 오히려 다양한 IP 포트폴리오를 구축하고 관리하는 'IP 투자사'로서 자신의 정체성을 분명히 해야 한다.

이러한 관점에서 새롭게 제작되는 모든 콘텐츠는 두 가지 의미의 투자 행위로 해석될 수 있다.

첫째는 '기존 IP에 대한 추가 투자'다. 이미 팬덤과 세계관이 견고히 자리 잡은 IP에 후속 시즌이나 스핀오프 같은 새로운 콘텐츠를 더하는 것으로 검증된 '우량 자산'에 투자하여 IP의 수명을 연장하고 팬들을 유지·확대하며 안정적인 추가 수익을 기대하는 행위다.

둘째는 '신규 IP의 씨앗을 뿌리는 활동'이다. 이는 완전히 새로운 이야기와 캐릭터를 선보여 시장의 반응을 탐색하는 일종의 연구개발(R&D)과 같다. 이렇게 해서 성공적인 반응을 얻은 콘텐츠는 단발적 흥행에 그치지 않고, 미래에 커다란 가치를 창출할 가능성을 품은 새로운 IP 자산으로 편입된다.

모든 콘텐츠 제작을 장기적인 'IP 자산화'의 관점에서 바라볼 때, 기업은 단기적인 흥행 실패에 일희일비하지 않고 전략적 방향성을 유지할 수 있다. 개별 작품의 성공만큼이나 중요한 것은, 이 작품이 전체 포트폴리오 안에서 어떤 역할을 수행하며 어떻게 IP 가치 확장에 기여할 것인지를 설계하는 일이다. '창의적 작품'으로 시작하여, 시장의 논리로 다듬어진 '콘텐츠'를 거쳐, 마침내 '지식 재산'이라는 견고한 기업 자산으로 완성하는 길을 걷는 기업만이 급변하는 미디어 환경 속에서 꾸준한 성장을 이뤄낼 수 있다.

5

IP는 어떻게
기존의 OSMU와 달라졌는가

콘텐츠 IP에 대해 이야기하다 보면 자주 듣게 되는 말이 있다. "예전부터 말해온 '원 소스 멀티 유즈(One Source Multi-Use, OSMU)'와 다를 게 무엇이냐?"라는 질문이다. 실제로 하나의 원천 스토리를 영화, 드라마, 게임, 상품으로 펼쳐낸다는 점만 보면 확실히 비슷해 보인다. 1990년대부터 콘텐츠 업계의 핵심 전략이었던 OSMU가 새로운 이름을 달고 돌아온 것 같기도 하다.

하지만 겉모습이 닮았다고 해서 본질까지 같은 것은 아니다. 미디어 환경부터 추구하는 비즈니스 목표, 그리고 팬들을 대하는 방식까지 근본적으로 다르다. 이런 변화를 제대로 파악하는 것이야말로 IP 시대에 맞는 전략을 세우는 출발점이다.

과거의 규칙: 분리된 시장과 '인원수 늘리기'의 OSMU

과거의 OSMU 전략이 구사되던 시대는 미디어가 각자의 영역을 단단히 지키던 '고체 미디어' 시대였다. 책을 보는 사람은 '독자'였고, TV를 보는 사람은 '시청자'였으며, 극장에 가는 사람은 '관객'이었다. 물론 세 집단 사이에 교집합이 있었겠지만, 비즈니스 전략의 관점에서 이들은 각기 다른 취향과 소비 습관을 지닌 별개의 시장이었다.

이러한 환경에서 OSMU의 목표는 명확했다. 바로 '인원수 늘리기'이다. 이는 본질적으로 '박리다매(薄利多賣)'의 비즈니스에 가까웠다. 책, 영화 티켓, 음반 등 각각의 콘텐츠 상품은 비교적 저렴한 균일가로 판매되었기에, 수익을 극대화하기 위해서는 최대한 많은 사람에게 파는 것이 중요했다. 따라서 한 미디어에서 성공한 원천 콘텐츠를 다른 미디어의 형태로 변용하는 것은 기존 팬덤을 만족시키기 위함이 아니라 새로운 미디어의 팬덤이라는 '신규 고객'을 공략하기 위한 전략이었다. "책으로 볼 사람은 다 봤으니, 이제 영화로 만들어 극장 관객에게 팔자"는 식의 접근이었다.

이러한 관점을 가장 잘 보여주는 사례가 바로 강풀 작가의 웹툰을 원작으로 한 영화 〈아파트〉다[13]. 당시 영화감독은 인터뷰에서 "영화 관객은 내가 더 잘 안다"는 취지의 발언을 하며, 원작의 팬들보다는 영화 관객의 문법에 맞춰 작품을 재창조했음을 시사했다. 원작의 팬덤을 다른 미디어로 '이동'시키는 것이 아니라, 각 미디어 시장에 존재하는 별개의 고객을

---

[13] 강풀 작가는 대한민국의 웹툰 1세대이자 대표적인 스토리텔러다. 2004년 다음 만화속세상(현 카카오웹툰)에서 공포 웹툰 〈아파트〉를 연재하며 인기를 얻기 시작했다. 〈아파트〉는 2006년 영화로도 제작되었으나, 원작과의 차이 때문에 흥행과 비평 모두에서 아쉬운 성적을 거뒀다. 최근 디즈니 플러스에서 드라마로 큰 성공을 거둔 〈무빙〉은 강풀 작가가 직접 시나리오를 집필했으며 원작과의 연계성을 한층 더 높였다.

순차적으로 공략하는 것이 과거 OSMU 전략의 핵심이기 때문이었다.

현재의 규칙: 통합된 경험과 '팬심 키우기'의 IP 확장

반면, 지금 우리가 이야기하는 IP 확장은 '액체 미디어'라는 완전히 다른 환경을 전제로 한다. 이제 팬들은 하나의 통합된 디지털 스크린 위에서 웹툰을 보고, 그 옆의 다른 창에서 드라마를 보며, 소셜 미디어에서 팬들의 반응을 살핀다. 더 이상 독자, 시청자, 관객이 분리되어 있지 않다. 한 명의 팬이 모든 것을 소비하는 시대다.

따라서 IP 확장의 목표는 '인원수 늘리기'를 넘어서 '팬심(fan 心) 키우기'로 전환되고 있다. 새로운 고객을 찾는 것은 물론이고, 이미 존재하는 팬 한 명 한 명의 충성도와 관여도를 극대화하는 것이 중요한 전략적 가치가 되었다. 이를 잘 보여주는 사례가 웹툰을 원작으로 한 드라마 〈유미의 세포들〉[14]이다. 이 드라마의 마케팅은 원작 웹툰과의 '싱크로율'을

---

14   〈유미의 세포들〉은 이동건 작가가 네이버 웹툰에서 연재한 인기 웹툰으로, 주인공 유미의 머릿속 세포들이 그녀의 감정, 이성, 욕구 등을 의인화하여 보여주며 평범한 직장인의 일상과 연애사를 유쾌하고도 현실적으로 그려내 큰

적극적으로 강조했다.[15] 캐릭터의 외형부터 작은 소품까지, 원작과 드라마의 이미지를 나란히 비교하며 보여주는 홍보 방식을 취했다. 이는 명백히 기존 웹툰 팬덤을 향한 메시지였다. "우리는 당신들이 사랑한 원작의 경험을 존중하고 있습니다. 그러니 이 드라마도 함께 즐겨주세요." 이것이 바로 현재 IP 확장 전략의 핵심적인 소통 방식으로 과거처럼 다른 미디어를 위해 원작을 바꾸는 것이 아니라, 원작의 경험을 다른 미디어에서도 일관되게 이어가며 팬덤의 만족도를 높이는 방식이다.

공감과 사랑을 받았다. 2016년 '오늘의 우리 만화'로 선정되기도 했으며, 2020년 완결 이후에도 꾸준히 회자되는 작품이다.
15 드라마는 실사 배우들의 연기와 3D 애니메이션으로 구현된 세포들의 모습을 결합한 하이브리드 형식으로 제작되었다. 주인공 유미와 주변 인물의 현실 세계는 실사로 표현하고, 유미의 머릿속 세포 마을은 3D 애니메이션으로 구현해 웹툰의 독창적인 설정과 재미를 그대로 살렸다. 웹툰 팬들에게 원작의 감동과 재미를 고스란히 전달하며 호평을 받았고, 원작을 모르는 시청자들에게도 신선한 볼거리를 제공해 큰 인기를 얻었다. 시즌 2까지 제작되었으며, 2024년 4월에는 극장판 애니메이션 〈유미의 세포들 더 무비〉도 개봉했다. IP 확장을 계속해서 진행 중이다.

객단가 높이기와 생애 가치 제고 전략

'팬심 키우기' 전략은 비즈니스 모델의 근본적인 변화를 가져왔다. 과거의 박리다매 모델이 다수의 사람에게 1만 원짜리 영화 티켓 한 장을 파는 게임이었다면, 이제는 한 명의 충성도 높은 팬이 평생에 걸쳐 해당 IP에 100만 원, 혹은 그 이상을 쓰도록 하는 게임으로 바뀌었다. 팬 한 명이 비즈니스에 기여하는 총 가치, 즉 '객단가'와 '생애 가치(Lifetime Value)'를 극대화한 것이다.

필자는 〈라이온 킹〉이라는 IP를 통해 이를 직접 경험한 적이 있다. 어린 시절, 친구 집에서 비디오로 '라이온 킹'을 공짜로 봤던 행위는 디즈니에게 아무런 수익을 안겨주지 못했다. 하지만 수십 년간 이어진 연관 콘텐츠 소비를 통해 나의 '팬심'은 깊어졌고, 성인이 된 이후에는 기꺼이 15만 원이 넘는 뮤지컬 티켓을 구매하고, 굿즈를 사 모으며, 새로운 실사 영화를 관람하도록 이끌었다. 디즈니 입장에서 필자는 이제 평생에 걸쳐 수백만 원의 가치를 창출하는 소중한 고객인 셈이다. 콘텐츠를 일회성 상품이 아닌 장기적인 '서비스'로 바라보고, 팬과의 관계를 지속적으로 관리하며 더 깊은 경험을 제공함으로써 추가적인 지불 의사를 이끌어내는 것. 이것이 바로 IP 비즈니스의 핵심 전략이다.

트랜스미디어 스토리텔링: 경험의 차원을 확장하는 기술

이처럼 팬심을 키우고 객단가를 높이는 전략을 구현하는 구체적인 방법으로 '트랜스미디어 스토리텔링(Transmedia Storytelling)'을 꼽을 수 있다. 이는 미디어 학자 헨리 젠킨스(Henry Jenkins)[16]가 〈매트릭스〉 시리즈를 분석하며 제시한 개념으로, 단순히 하나의 이야기를 여러 매체로 복제하는 OSMU와는 다르다. 트랜스미디어 전략에서는 각기 다른 미디어가 하나의 거대한 세계관을 구성하는 서로 다른 조각이다. 영화에서는 메인 스토리가, 애니메이션에서는 세계관의 숨겨진 역사가, 게임에서는 또 다른 캐릭터의 이야기가 펼쳐지는 식이다.

각각의 콘텐츠는 그 자체로 완결된 재미를 주지만, 모든 조각을 맞추었을 때 비로소 IP의 세계 전체를 온전히 경험할 수 있다. 이는 팬들로 하여금 모든 형태의 콘텐츠를 적극적으로 소비하도록 유도하며, IP에 대한 경험을 더욱 풍성하고

---

16 미국의 저명한 미디어 학자이자 서던캘리포니아 대학교(USC)의 커뮤니케이션, 저널리즘 및 영화 예술 교수다. 젠킨스는 특히 '컨버전스 문화(Convergence Culture)'와 '트랜스미디어 스토리텔링(Transmedia Storytelling)' 이라는 개념을 제시하며, 디지털 미디어 시대의 변화하는 문화 현상을 분석한 것으로 유명하다.

입체적으로 하도록 만든다. 트랜스미디어스토리텔링은 결국 팬덤이 IP를 더 깊고 다양하게 경험하는 방식으로, IP의 가치를 성장시키는 전략적 방법이다.

6

콘텐츠의 서비스화:
끝나지 않는 이야기의 시작

오늘날 IP의 가치를 논할 때, 우리는 이전 시대와는 근본적으로 다른 전제 위에 서 있다. 바로 '콘텐츠의 서비스화(Servicification)'라는 전환이다. 과거의 콘텐츠가 한 번의 소비로 완결되는 '상품(Product)'이었다면, 이제는 팬과의 지속적인 관계 속에서 끊임없이 진화하고 확장되는 '서비스(Service)'로 변모하고 있다. 이것은 단순히 소비 방식의 변화를 넘어, 콘텐츠의 생명력과 비즈니스 모델, 그리고 IP의 본질 자체를 재정의하는 핵심적인 변화다. 우리는 '완결의 시대'를 지나, 끝나지 않는 이야기가 펼쳐지는 '연계의 시대'로 들어서고 있다.

상품(Product)의 시대: 한 번의 소비와 완결의 미학

과거의 콘텐츠 소비 경험을 돌이켜보자. 영화는 극장에서 개봉하면 약 한 달간 상영된 후 막을 내렸고, 드라마는 정해진 회차가 방영되면 종영했다. 필자가 어린 시절 즐겨 했던 오락실 게임 〈버블보블〉은 100번째 판을 깨면 엔딩 장면이 나오고 게임은 완전히 끝났다. 물론 다시 플레이할 수는 있지만 이야기의 서사는 그 지점에서 완결되었다.

이처럼 과거의 콘텐츠는 명확한 시작과 끝을 가진 하나의 완결된 '상품'이었다. 소비자와 콘텐츠의 관계는 구매와 소비라는 단발적인 행위로 끝나는 지극히 거래적인 성격을 띠었다. 비즈니스 모델 역시 이러한 특성에 맞춰졌다. 초반 흥행에 모든 마케팅 역량을 집중하고, 단기간에 최대한의 수익을 거둔 뒤, 다음 신작으로 빠르게 넘어가는 것이 성공의 공식이었다. 이러한 '완결의 패러다임'에서는 콘텐츠의 수명이 짧을 수밖에 없고, 하나의 IP가 오랫동안 지속되며 가치를 축적할 기회 역시 제한적이다.

서비스(Service)의 시작: 끝나지 않는 게임의 세계

'콘텐츠의 서비스화'라는 개념이 가장 먼저 뿌리내린 곳은 온라인 게임 산업이었다. 1990년대 후반 등장한 〈바람의 나라〉[17], 〈리니지〉[18]와 같은 온라인 게임들은 콘텐츠에 대한 기

---

17 〈바람의 나라〉는 넥슨이 개발하고 서비스한 세계 최초의 MMORPG(다중접속 역할 수행 게임)이다. 1996년 4월 정식 서비스를 시작했다. 끊임없이 새로운 지역, 몬스터, 아이템, 직업 등을 추가하며 유저들이 오랫동안 게임을 즐길 수 있도록 했다. 이는 '엔딩 없는 게임'의 초기 모델을 제시한 것이나 다름없었다. PC방 문화와 맞물려 큰 인기를 얻었고, 많은 유저들이 게임 속에서 자신만의 커뮤니티를 형성하는 등 사회적 현상으로까지 확대됐다. 현재도 서비스 중이다.

존의 통념을 완전히 뒤엎었다. 이 게임에는 '엔딩'이 없었다. 20년이 훌쩍 지난 지금까지도 여전히 수많은 유저가 접속하는 살아있는 세계이며, 지속적으로 수익을 창출하는 게임이다. 장기적인 '라이브 서비스(Live Service)'로 운영되고 있다.

게임 회사들은 정기적인 '업데이트'를 통해 새로운 스토리, 캐릭터, 아이템, 이벤트를 계속해서 선보이며 콘텐츠의 세계를 넓혀간다. 유저들은 이런 변화 속에서 게임과 함께 몇 년, 때로는 수십 년의 시간을 보내며 깊은 관계를 쌓아간다. 이것이 바로 서비스로서의 콘텐츠가 지닌 특별한 힘이다.

20년이 넘는 시간 동안 하나의 브랜드를 꾸준히 지키고 키워가려면, 개별적인 업데이트를 뛰어넘어 전체를 관통하는 IP라는 큰 틀이 필요하다. 게임 산업이 다른 어떤 분야보

---

18 〈리니지〉는 엔씨소프트가 개발하고 서비스하는 대표적인 대한민국 MMORPG다. 한때 '국민 게임'이라 불릴 정도로 폭발적인 인기를 누렸으며, 지금도 모바일 버전인 '리니지M', '리니지W' 등이 출시되는 등 강력한 IP 파워를 보여주고 있다. 1998년 9월 정식 서비스를 개시했다. 리니지는 특히 '공성전'이라는 대규모 길드(혈맹) 간 전투 시스템과 혈맹(길드)이라는 커뮤니티 시스템을 통해 유저들에게 강력한 목표 의식과 소속감을 부여했으며, 이는 게임의 핵심 콘텐츠이자 지속적인 플레이의 동기가 되었다. 이후 게임 인기에 힘 입어, 게임 내 아이템의 가치가 현실 경제와 연결될 정도로 강력한 인게임 경제 시스템을 구축하기도 했다. 하지만 이는 유저들이 게임에 시간과 비용을 투자하는 중요한 이유가 되기도 했다. 초창기에는 정액제를 기반으로 했지만, 점차 아이템 판매 등 부분 유료화 모델을 도입하며 수익 창출의 새로운 방향을 제시했다.

다 일찍 'IP'라는 개념을 중요하게 여기기 시작한 것도 이와 무관하지 않다. 콘텐츠를 단발성이 아닌 지속 가능한 서비스로 접근하는 이런 시각은 이후 모든 미디어 산업이 받아들이게 될 새로운 패러다임의 출발점이 되었다.

모든 콘텐츠는 서비스가 된다: OTT와 방송의 진화

게임 산업에서 시작된 서비스화의 흐름은 OTT 플랫폼의 출연과 함께 방송과 영화 등 영상 콘텐츠로도 퍼져나갔다. OTT는 한 번 방영되고 사라졌을 콘텐츠를 '라이브러리'라는 하나의 공간에 차곡차곡 쌓아두며, 팬들이 원하는 순간 언제든 다시 찾아보고 '반복해서 즐길' 수 있는 환경을 만들어냈다. 더 이상 콘텐츠가 짧은 순간만 빛나다 사라지는 존재가 아닌 게 되었다.

이런 변화 속에서 방송 산업의 '시즌제'는 게임의 '업데이트'와 비슷한 역할을 한다. 새로운 시즌이 나온다는 소식은 IP가 여전히 살아있다는 메시지이자, 기존 팬들을 다시 모으고 새로운 팬을 끌어들이는 가장 효과적인 방법임을 증명했다. 팬들은 다음 시즌을 기다리며 지난 이야기를 다시 보고, 온라인에서 앞으로 펼쳐질 스토리에 대해 이야기를 나누며,

해당 IP에 더욱 깊이 빠져들었다. 이러한 시즌제 덕분에 하나의 IP를 사랑하는 사람들에게 몇 년에 걸쳐 지속적으로 새로운 경험을 선사하고, 가치를 꾸준히 키워나가는 전략이 가능해졌다.

콘텐츠 수명의 연장과 새로운 비즈니스 모델

　콘텐츠를 서비스로 바라보는 관점은 비즈니스에 새로운 가능성을 열어준다. 그 핵심은 바로 '수명 연장'이다. IP의 생명력이 길어진다는 것은 단순히 추억을 오래 간직하는 것 이상의 의미를 갖는다. 장기적이고 안정적인 수익 구조를 만들어갈 수 있다는 뜻이기 때문이다.
　하나의 IP가 10년, 20년간 살아 숨 쉬는 서비스로 이어진다면, 기업은 훨씬 더 다양한 방식으로 수익을 만들어낼 수 있다. 즉 한 번의 콘텐츠 판매에만 의존하지 않고, 꾸준한 팬덤을 바탕으로 굿즈 판매나 오프라인 이벤트, 스핀오프 제작, 브랜드 콜라보 등 여러 방향으로 사업을 펼쳐나갈 수 있다. IP가 언제나 팬들의 마음속에 '살아있는' 상태로 자리 잡고 있기에 가능한 일이다. 결국 IP의 '생애 가치(Lifetime Value)'를 최대한 끌어올리는 것이 된다.

이제 우리는 모든 콘텐츠를 만들 때 다음과 같이 질문을 던져야 한다. "이 콘텐츠는 어떻게 끝날까?"가 아니라, "이 콘텐츠는 어떤 서비스의 출발점이 될까?"라고. 하나의 콘텐츠를 완결된 상품이 아닌, 끝나지 않는 이야기와 경험의 시작점으로 바라보는 것. 이런 관점의 변화야말로 IP 시대의 창작자와 기업이 꼭 가져야 할 시각이다.

2부

IP의 출발점, 경험

7

경험은 어떻게
IP 자산이 되는가

매일 쏟아지는 콘텐츠의 홍수 속에서 살아가는 동안, 어떤 이야기는 한 번 보고 까맣게 잊어버리지만, 어떤 이야기는 수십 년의 세월을 뛰어넘어 우리 삶의 깊숙한 곳에 자리 잡는다. 왜 이런 차이가 발생하는 걸까? 단순히 '잘 만든' 콘텐츠이기 때문이라는 설명만으로는 부족하다. 콘텐츠가 팬덤의 마음속에 살아남아 강력한 IP로 성장하는 과정의 핵심에는 눈에 보이지 않지만 가장 강력한 자산인 '경험'이 있다. IP의 진정한 가치는 팬들에게 의미 있는 경험으로 남고, 차곡차곡 쌓여 '거점'이 되는 능력에 있다.

스쳐 가는 콘텐츠, 기억에 남는 IP

IP란 무엇인가? 팬들에게 일관된 '원천 경험'을 제공하는 브랜드이자, 개별적 체험이 하나의 통합된 경험으로 축적되는 거점이다. 여기에 경험이라는 무형자산이 계속해서 '쌓이기' 때문에 IP는 자산이 될 수 있다.

콘텐츠는 경험을 거쳐 IP라는 단계로 넘어간다. IP는 한 편의 콘텐츠를 소비하는 행위를 넘어, 이용자의 삶 속에서 어떤 의미 있는 '경험'을 만든다. 그리고 그 경험이 너무나 강렬하고 인상 깊어서, 잊히지 않고 계속해서 회자되며 다른 사람의 경험과 연결된다. 그때 비로소 하나의 자산으로서 가치를 갖게 된다.

콘텐츠 기업이 수백 편의 콘텐츠를 제작했다고 해서, 그 기업이 수백 개의 IP를 보유했다고 말할 수는 없다. 대부분의 콘텐츠는 스쳐 지나가는 일회성의 즐거움에 그치기 때문이다. 우리 삶에 아무런 흔적도 남기지 못한 콘텐츠는 IP가 될 수 없다.

따라서 콘텐츠 기업은 자신이 만든 결과물을 냉정하게 평가해야 한다. 이것이 단지 스쳐 지나갈 콘텐츠인지, 아니면 경험으로 축적될 수 있는 IP의 씨앗인지. 이 질문에 답하는 것이 IP 비즈니스의 출발점이다.

경험의 거점: 추억을 현재로 소환하는 힘

강력한 IP는 팬들의 '경험이 축적되는 거점'으로 기능한다고 했다. 필자는 초기에 IP의 힘이 단순히 과거를 그리워하는 '노스탤지어'에서 온다고 생각했다. 하지만 수많은 사례를 접하며 깨달은 것은, IP가 단순한 추억의 회상을 넘어, 흩어져 있는 개인의 경험을 하나의 이름 아래로 모으고, 과거의 기억을 현재의 감정으로 '소환'하는 강력한 힘을 가졌다는 사실이다.

2023년 극장가를 뜨겁게 달군 애니메이션 〈더 퍼스트 슬램덩크〉의 흥행은 이를 명확히 보여준다. 수많은 30, 40대 관객들이 극장을 찾은 이유는 단지 잘 만든 농구 영화 한 편을 보기 위함이 아니었다. 그들은 20여 년 전, 낡은 만화책을 넘기며 느꼈던 뜨거운 열정과 감동, 친구들과의 추억이라는 자신의 과거 경험을 다시금 확인하고 싶어했다. 이때 〈슬램덩크〉라는 IP는 그들의 잊고 있던 경험을 현재로 불러내는 거대한 '거점' 역할을 한다.

이처럼 IP는 팬들의 삶에 깊이 새겨진 경험들을 보관하는 사진첩과 같다. 새로운 콘텐츠나 굿즈, 팝업 스토어 등은 사진첩을 다시 펼쳐보게 하는 계기를 제공한다. 팬들은 이를 통해 과거의 소중했던 경험을 다시 떠올리고, 그 위에 새로운 경험을 덧쌓으며 IP와의 유대를 단단히 한다. 이 경험의 두께야말로 IP 자산의 핵심이다.

IP와 함께한 삶: '반려 IP'의 탄생

경험의 축적이 오랜 시간에 걸쳐 깊어지면, IP는 단순한 문화 콘텐츠를 넘어 한 사람의 인생과 함께하는 '반려 IP'의 지위를 얻게 된다. 이는 가상의 존재가 우리와 함께 숨 쉬고 살아가는 것을 자연스럽게 받아들이는 '메타버스적 전환'과도 맞닿아 있다. 우리는 더 이상 펭수 인형의 탈 안에 누가 들어있는지 궁금해하지 않는다. 펭수 그 자체를 하나의 인격체로 인정하며 소통한다. 스크린 속 아이언맨의 죽음에 진심으로 슬퍼하고, 그의 부재를 현실처럼 아쉬워한다.

이 단계에 이르면 IP는 팬의 정체성 일부가 된다. 팬은 자신의 삶의 중요한 순간을 IP와 함께 기억하고, 자신의 가치관을 IP를 통해 표현한다. 이러한 깊은 유대감은 비즈니스적으로 엄청난 가치를 갖는다. 팬들은 자신의 '반려 IP'를 위해서 기꺼이 지갑을 열고, 시간과 노력을 쏟으며, 성장을 응원하고 지지하는 든든한 파트너가 된다. 자신의 공간에 IP 굿즈를 들여놓는 행위는 나의 정체성과 내가 소중히 여기는 경험을 드러내는 자랑스러운 표현이 된다.

콘텐츠 확장의 본질: 경험의 차원을 넓히고 깊이를 더하는 과정

그렇다면 콘텐츠 기업은 어떻게 팬들에게 이런 깊이 있는 경험을 제공할 수 있을까? 철학자 존 듀이(John Dewey)는 저서 『경험으로서의 예술』에서, 일상의 수많은 순간과 구별되는 특별한 순간으로서 '하나의 경험'이라는 개념을 제시했다. 듀이가 말하는 '하나의 경험'이란 시작과 전개, 완결의 구조를 갖춰 그 자체로 온전한 전체를 이루는 경험을 뜻한다. 단절되고 파편화된 일상의 흐름 속에서 도드라져 나와, 우리에게 깊은 만족감과 삶의 충만함을 느끼게 하는 특별한 순간을 말한다.

IP 비즈니스의 목표는 바로 이런 '하나의 온전한 경험'을 다양한 차원에서 제공하는 것이다. 라이온 킹의 2D 애니메이션 원작은 서사와 음악이 주는 감동적인 서사적 경험을 완성했다. 브로드웨이 뮤지컬은 살아있는 배우들의 몸짓과 무대 연출을 통해 관객이 시공간을 공유하며 느끼는 강렬한 현장성의 경험을 선사했다. 이때 각각의 콘텐츠는 단순히 같은 이야기를 반복하는 것이 아니다. 애니메이션과 뮤지컬이라는 각기 다른 매체의 본질을 활용해, 라이온 킹이라는 IP를 전혀 다른 방식의 '온전한 경험'으로 마주하게 한 것이다.

성공적인 IP 확장은 팬이 가지고 있는 '원천 경험'의 본질을 훼손하지 않으면서도, 더욱 풍성하고 입체적으로 추가적인 경험을 하도록 하는 것을 목표로 한다. 게임 IP를 영상화할 때, 게임 플레이의 핵심적인 쾌감(체험)을 살리거나 게임 속 세계관(서사)을 깊이 있게 파고드는 것은 모두 이러한 맥락에서 나왔다고 볼 수 있다.

  우리는 계속해서 질문해야 한다. 우리 IP의 핵심 경험은 무엇인가? 그리고 어떤 새로운 차원의 '온전한 경험'으로 재창조하고 확장하여 팬들의 삶에 깊이 각인시킬 것인가? 이 질문에 대한 답을 찾아 나가는 과정이 바로 IP를 위대한 자산으로 키워나가는 길이다.

8

좋은 경험의 조건:
'원천 경험'을 찾아서

앞 장에서 우리는 IP의 가치가 팬들의 '경험'을 축적하는 데서 비롯된다고 이야기했다. 그렇다면 모든 경험이 동일한 가치를 지닐까? IP 확장의 수많은 실패 사례는 그렇게 단순하지만은 않다고 말해준다. 성공적인 IP 확장은 단순히 멋진 비주얼이나 새로운 이야기를 덧붙이는 것을 뛰어 넘어야 한다. 즉 팬들의 마음속에 각인된 IP의 본질, 즉 '원천 경험'을 얼마나 깊이 이해하고 존중하는지에 달려있다.

원천 경험이란 팬들이 해당 IP를 처음 사랑하게 된 근원적인 이유이자, IP만이 줄 수 있는 고유한 감정과 쾌감의 정수다. 모든 비즈니스 전략은 바로 이러한 원천 경험을 찾는 것에서부터 시작된다.

원천 경험이란 무엇인가: 팬덤의 기억에 새겨진 IP의 정수

원천 경험이란 해당 IP가 팬들에게 제공하는 핵심적이고 고유한 경험의 본질을 말한다. 이는 단순히 장르나 소재를 넘어서, 팬들이 IP를 통해 얻는 가장 근본적이고 감정적이고 인지적인 만족을 의미한다.

〈슬램덩크〉의 원천 경험을 분석해보자. 표면적으로는 농구 만화지만, 팬들이 진정으로 경험하는 것은 '포기하지 않는 도전 정신'과 '성장을 통한 자아실현'이다. "왼손은 거들 뿐"과 같은 대사가 20년이 지나도 회자되는 이유는, 이것이 단순한 농구 기술을 넘어 인생의 태도에 대한 통찰을 담고 있기 때문이다. 팬들은 이 이야기를 체험하며, 강백호의 성장에 자신의 청춘과 도전을 발견하고, 이를 자신만의 의미 있는 경험으로 내재화한다.

이러한 원천 경험의 이해는 매우 중요하다. 성공적인 IP 확장은 새로운 형태나 플랫폼에서도 원천 경험이 일관되게 재현되고 심화될 때 가능하기 때문이다. 슬램덩크 극장판이 성공한 이유는 최신 애니메이션 기술을 활용해서가 아니라, 원작의 원천 경험인 '성장과 도전'의 본질을 더욱 깊이 있게 그려냈기 때문이다.

원천 경험은 하나의 명확한 서사일 수도 있고, 어떤 순간의 감정, 혹은 특정 행위에서 오는 만족감일 수도 있다. 그것은 팬덤의 기억 속에 하나의 '코어'로 자리 잡아, IP의 정체성을 규정하는 가장 중요한 요소가 된다. 따라서 IP를 확장한다는 것은, 원천 경험을 새로운 매체의 특성에 맞게 성공적으로 번역하고 심화시키는 과정과 동일하다. 만약 확장의 결과물이 팬들이 간직해 온 원천 경험을 배신한다면, 팬들은 그것을 '가짜'로 느끼고 외면한다. 아무리 막대한 자본을 쏟아부어도, 팬덤의 마음을 얻지 못하는 IP 확장은 결국 공허한 시도로 남을 뿐이다.

특히 게임과 같이 상호작용성이 강한 미디어의 IP를 확장할 때는 이 원천 경험의 파악이 더욱 중요하다. 과거 수많은 게임 원작 영화들이 실패했던 근본적인 이유는, 게임을 해보지 않은 제작자들이 게임의 일부 요소만 얕게 가져와 자신들의 문법으로 재단하려 했기 때문이다. 팬들이 왜 이 게임을 사랑하는지, 즉 게임 플레이를 통해 느끼는 고유한 '체험'의 가치를 이해하지 못한 채 영화를 만들었기 때문이다. 하지만 최근의 성공 사례들을 보게 되면 게임의 원천 경험을 크게 두 가지 갈래, 즉 '서사의 경험'과 '체험의 경험'으로 나누어 접근할 경우 성공의 실마리를 찾을 수 있음을 보여준다.

서사의 경험 vs 체험의 경험: 게임 IP 확장의 두 갈래 길

모든 게임이 동일한 종류의 경험을 제공하는 것은 아니다. 어떤 게임은 유저를 압도하는 깊고 방대한 이야기와 매력적인 캐릭터들의 관계를 통해 사랑받는다. 이런 게임의 원천 경험은 본질적으로 '서사적'이다. 반면, 어떤 게임은 줄거리보다는 특정 액션을 수행할 때의 짜릿한 손맛, 정교한 컨트롤이 성공했을 때의 성취감, 혹은 친구들과 함께 경쟁하고 협력하는 과정의 즐거움을 중요하게 생각한다. 이때의 원천 경험은 '체험적'이라고 할 수 있다.

따라서 게임 IP를 영상과 같은 다른 매체로 확장할 때는 우리 IP의 원천 경험이 서사에 있는지, 체험에 있는지를 먼저 명확히 진단해야 한다. 그리고 그에 맞는 각기 다른 번역 전략을 구사해야 한다.

〈아케인〉과 서사적 원천 경험의 확장

라이엇 게임즈의 〈리그 오브 레전드〉[19]는 수많은 챔피언

[19] 라이엇 게임즈가 2009년 출시한 〈리그 오브 레전드〉(League of Legends, 줄여서 LoL 또는 롤)는 전 세계적으로 가장 인기 있는 PC 게임 중 하나로 MOBA(Multiplayer Online Battle Arena) 장르의 게임이다. 전략적인 팀워크와 개인의 숙련도가 승패를 좌우하는 특징을 갖고 있다. 5명의 플레이어로 구성된 두 팀이 각자의 기지에서 출발하여 상대 팀의 '넥서스'를 파괴하는 것을 목표로 한다. 이를 위해 플레이어들은 다양한 역할을 수행하며 협력한다. 게임 시작 전, 플레이어는 160여 개가 넘는 '챔피언' 중 한 명을 선택한다. 각 챔피언은 고유의 스킬, 역할 군(탱커, 딜러, 서포터 등), 플레이 스타일을 가지고 있다. 리그 오브 레전드는 '룬테라(Runeterra)'라는 거대하고 깊이 있는 세계관을 갖고 있다. 룬테라는 다양한 지역과 문명, 종족이 존재하는 살아있는 세상이며, 각 챔피언은 룬테라의 특정 지역 출신이거나 별도의 스토리를 가지고 있다. 현재 전 세계적으로 가장 큰 규모와 시청자를 자랑하는 e스포츠 리그를 보유하고 있다. 매년 개최되는 '리그 오브 레전드 월드 챔피언십(롤드컵)'은 압도적인 시

(캐릭터)과 그들이 속한 '룬테라'라는 방대한 세계관을 가진 IP다. 이 게임의 원천 경험은 실시간으로 펼쳐지는 전략적인 플레이에도 있지만, 그에 못지않게 중요한 것이 캐릭터들 사이에 얽힌 서사와 세계관에 대한 탐구다. 팬들은 오랫동안 게임 속 단편적인 정보를 조합하며 배경 이야기를 상상하고 즐겨왔다.

넷플릭스 애니메이션 시리즈 〈아케인〉[20]은 이러한 '서사적 원천 경험'을 성공적으로 확장한 대표적인 사례다. 이 작품은 게임 플레이를 어설프게 재현하려 하지 않았다. 대신, '리그 오브 레전드'의 수많은 이야기 중 '이야기가 될 거리' 하나를 제대로 파고들었다. 자매 챔피언(게임 캐릭터)인 '징크

청자 수를 기록하며 e스포츠 산업의 핵심 동력이자 문화로 자리 잡았다. 프로 리그와 선수들은 전 세계 팬들로부터도 열광적인 지지를 받고 있다.

20 넷플릭스 애니메이션 시리즈 〈아케인〉은 라이엇 게임즈의 인기 게임 〈리그 오브 레전드〉의 세계관을 기반으로 제작된 장편 애니메이션이다. 2021년 11월 시즌 1이 공개되었으며, 2024년 11월 9일 공개된 시즌 2를 마지막으로 종영되었다. 〈리그 오브 레전드〉의 방대한 세계관 중 '필트오버'와 '자운'이라는 두 도시의 극심한 갈등과 함께 게임 속 인기 챔피언인 징크스(Jinx)와 바이(Vi) 자매의 비극적인 과거와 탄생을 깊이 있게 다뤘다. 〈아케인〉의 스토리는 〈리그 오브 레전드〉 세계관의 정사(正史)로 공식 편입되었으며, 이는 게임 팬들에게는 캐릭터들의 배경을 더 깊이 이해할 수 있는 기회를 제공했다. 그리고 게임을 모르는 시청자들에게도 독립적인 하나의 명작 애니메이션으로 다가갈 수 있게 했다. 게임 IP를 성공적으로 확장한 대표적인 사례로 평가받으며, 게임 원작 애니메이션의 새로운 지평을 열었다는 찬사를 받았다.

스'와 '바이'의 비극적인 과거를 깊이 있는 감정선과 압도적인 영상미로 풀어내 팬들이 오랫동안 상상만 해왔던 서사의 조각을 완벽한 하나의 이야기로 완성시켰다. 꽤 괜찮은 '경험의 심화'였다. '아케인'의 성공은 게임의 서사적 잠재력을 존중하고, 그것을 최고의 완성도로 구현해 냈을 때 얼마나 강력한 IP 확장이 가능한지를 증명했다.

〈슈퍼 마리오〉와 체험적 원천 경험의 재현

닌텐도의 〈슈퍼 마리오〉[21] 시리즈는 앞서 〈리그 오브 레전드〉와 달리 서사보다 '체험'이 압도적으로 중요한 IP다. 팬들이 마리오를 사랑하는 이유는 그의 복잡한 내면이나 심오한 줄거리 때문이 아니다. 점프할 때의 경쾌한 효과음, 물음표 박스를 머리로 쳤을 때의 쾌감, 무지갯길을 질주하는 카트 레이싱의 속도감이다. 즉 게임을 플레이하는 순간의 즐거움 자

---

21 〈슈퍼 마리오〉는 닌텐도가 제작한 비디오 게임 시리즈의 주인공이자, 닌텐도를 대표하는 마스코트 캐릭터다. 1981년 아케이드 게임 〈동키콩〉에서 '점프맨'이라는 이름으로 처음 등장했으며, 1985년 〈슈퍼 마리오 브라더스〉가 출시되면서 전 세계적인 신드롬을 일으켰다. 〈슈퍼 마리오〉 시리즈는 플랫폼 액션 게임 장르의 교과서로 불리며, 비디오 게임 역사상 가장 성공적인 시리즈 중 하나로 손꼽힌다.

체가 IP의 본질이다.

2023년에 개봉한 애니메이션 영화 〈슈퍼 마리오 브라더스〉[22]는 이러한 '체험적 원천 경험'을 영상으로 완벽하게 재현해내며 큰 성공을 거두었다. 영화는 복잡한 서사를 구축하기보다, 팬들이 수십 년간 사랑해 온 게임 속 명장면들을 충실하게 스크린으로 옮겨오는 데 집중했다. 이는 마치 잘 짜인 '게임 플레이 장면의 나열'과도 같았다. 관객들은 영화를 보며 자신이 직접 마리오가 되어 게임 속 세계를 누비는 듯한 대리 만족을 느꼈다. 이는 게임 플레이의 '쾌감'을 살리는 것이 얼마나 중요한지를 잘 보여주는 사례다. 스토리의 깊이가 아니라, 원천 경험의 핵심적인 '감각'을 재현하는 것이 성공의 열쇠가 될 수 있음을 보여준다.

---

22 2023년 4월에 개봉한 애니메이션 영화 〈슈퍼 마리오 브라더스〉는 닌텐도와 일루미네이션이 공동 제작한 작품이다. 개봉 후 전 세계적으로 폭발적인 흥행을 기록하며 애니메이션 영화의 역사를 새로 썼다. 2023년 개봉작 중 최초로 글로벌 수익 10억 달러(약 1조 3천억 원)를 돌파했으며, 북미 애니메이션 흥행 TOP 3에 오르는 등 상업적으로도 엄청난 성공을 거두었다. 이는 비평가들의 평가와는 별개로, 팬들이 원하는 핵심적인 '경험'을 제공함으로써 대중적 성공을 이끌어낼 수 있음을 보여주는 사례가 되었다.

팬덤의 마음속 조각을 발굴하는 법

그렇다면 우리 IP의 원천 경험이 무엇인지 어떻게 알 수 있을까? 특히 수많은 유저가 각기 다른 방식으로 즐기는 온라인 게임의 경우, 핵심 경험을 하나로 정의하기는 매우 어렵다. 넥슨의 '네코제(Nexon Contents Festival)'[23]는 이에 대한 흥미로운 해법을 제시했다. 넥슨은 "유저들이 우리 게임의 무엇을 좋아하는지 정확히 모르겠다"는 문제의식에서 출발하여, 팬들이 직접 2차 창작 굿즈를 만들어 판매하는 장을 열었다. 팬들이 자발적으로 만들어 온 창작물을 통해, 그들이 어떤 캐릭터, 어떤 아이템, 어떤 순간에 애정을 느끼는지 역으로 파악했다. 이는 IP의 본질이 기업의 머릿속이 아닌, 팬덤의 마음속에 흩어져 있는 '경험의 조각'에 있다는 것을 인정하는 겸손한 태도였다.

기업의 역할은 흩어진 조각을 발견하고, 그것이 무엇을 의

---

23 네코제(Nekonexon Festival)는 넥슨의 게임 IP를 활용해 팬들이 직접 2차 창작물을 만들고 교류하는 유저 참여형 문화 축제다. 2015년 소규모 행사로 시작해 점차 코스프레, 음악회, 전시 등 다양한 장르를 포괄하는 종합 축제로 발전했으나 2020년을 마지막으로 종료되었다. 네코제의 핵심은 통제 바깥에 있던 팬들의 자발적인 창작 활동을 '축제'라는 공식적인 장으로 끌어들여 양성화하고, IP의 가치를 팬들과 함께 키워나가려는 시도에 있었다. 팬덤의 창의성을 존중하고 IP 생태계를 확장하려는 장기 전략의 일환으로 평가받았다.

미하는지 이해하며, 팬들이 가장 소중하게 생각하는 원천 경험을 중심으로 IP를 확장해 나가는 것이다. 팬들이 즐겁게 놀 수 있는 놀이터를 만들어주고, 무엇을 가지고 노는지 유심히 관찰하는 것으로 IP의 정수라 할 수 있는 원천 경험을 찾을 수 있다.

9

경험의 확장:
굿즈와 오프라인 공간의 역할

하나의 IP가 팬의 마음속에 자산으로 자리 잡기 위해서는 스크린과 페이지를 넘어 그들 삶 속으로 들어가야 한다. 즉 디지털 세계에서 느낀 감동과 재미를 현실 세계에서 만지고, 느끼고, 체험할 수 있을 때, IP와 팬의 유대는 비로소 완성된다. 이처럼 가상의 경험을 현실의 경험으로 확장하는 가장 중요한 두 가지 매개체가 바로 '굿즈(Goods)'와 '오프라인 공간'이다. 이 둘은 단순히 IP를 활용한 부가 사업이 아니라, 팬덤의 경험을 심화시키고 IP의 생명력을 연장하는 핵심적인 전략 도구의 역할을 한다.

굿즈의 세 단계: 판촉물, 기념품, 그리고 돈이 되는 상품

많은 기업이 IP 비즈니스를 이야기할 때 '굿즈를 만들어 팔면 된다'고 쉽게 생각하지만, 현실은 그리 간단하지가 않다. 모든 굿즈가 동일한 목표를 갖기도 어려우며, 실제로 굿즈 그 자체로 큰 수익을 내기도 어렵다.

굿즈의 역할을 제대로 이해하기 위해서는 IP 성장 단계와 비즈니스 목표에 따라 크게 세 가지 단계로 나뉜다는 것을 알아야 한다.

첫 번째는 '판촉물'의 단계다. "이런 IP가 있으니 한번 관심을 가져주세요"라고 말을 거는 단계로, 길거리에서 나눠주는 부채나 스티커처럼 목적은 인지도를 높이고 잠재적인 팬들의 주목을 끄는 것이다. 수익 창출이 아닌 마케팅 비용의 영역에 속한다.

두 번째는 '기념품'의 단계다. 대부분의 굿즈가 여기에 해당한다. 공연을 보고 나서 구매하는 프로그램북, 전시회에서 사는 도록처럼, 팬들이 겪은 소중한 경험을 물리적인 형태로 소장하는 것이 기념품이다. 눈앞에서 사라져 버릴 경험을 손에 만질 수 있는 물건에 담아둠으로써, 팬들은 그 순간의 감동을 오래도록 기억한다. 나아가 IP에 대한 팬심을 확인하고 강화하는 역할을 한다. 이 단계의 굿즈는 큰 수익이 아니라 약간의 수익을 내거나 혹은 이익 없이 손익분기점을 맞추는 것을 목표로 한다.

마지막 세 번째가 비로소 '돈이 되는 상품'의 단계다. 이 단계에 이르면, 굿즈는 더 이상 경험의 증표가 아니라 그 자체로 하나의 강력한 브랜드 상품이 된다. 팬들은 제품의 기능이나 품질 때문이 아니라, 그 위에 새겨진 IP의 가치 때문에 기꺼이 높은 가격을 지불한다. 이 단계에 도달하기 위해서는 오랜 시간 동안 축적된 강력한 IP 파워가 필수적이다. 소수의 슈퍼 IP만이 이 영역에 진입할 수 있다.

굿즈의 역할에 따른 세 가지 단계를 살펴보았는데, 각각의 단계는 모든 굿즈가 같은 역할과 기능을 하지 않는다는 점을 잘 보여준다. 굿즈를 기획할 때는 지금 우리의 목표가 판촉인지, 기념인지, 아니면 본격적인 수익 창출인지를 명확히 해야 한다.

팝업 스토어의 기능: 경험의 현재화와 소셜 바이럴의 거점

최근 몇 년간 IP 비즈니스에서 가장 뜨거운 현장을 꼽으라면 단연 '팝업 스토어'다. 팝업 스토어가 이토록 강력한 힘을 갖는 이유는 무엇일까? 그것은 단순히 물건을 파는 장소를 넘어, 두 가지 핵심적인 기능을 수행하기 때문이다.

첫째, 팝업 스토어는 팬들에게 '경험의 현재화'를 제공한다. 스크린 속에서만 보던 IP의 세계를 현실 공간에 구현함으로써, 팬들이 직접 걸어 들어와 보고, 듣고, 만지며 온몸으로 IP를 체험한다. 이러한 몰입의 경험은 디지털 콘텐츠만으로는 줄 수 없는 깊은 감정적 유대를 형성한다.

둘째, 팝업 스토어는 '소셜 바이럴의 거점'이 된다. 팝업 스토어의 진짜 고객은 그곳을 방문하는 사람뿐만이 아니다. 그곳을 방문한 팬들은 약속이나 한 듯 사진과 영상을 찍어 자신의 소셜 미디어에 공유한다. "나 여기에 다녀왔다"는 인증샷은 팬덤에게는 하나의 자랑스러운 '놀이'이지만, 기업에게는 수많은 잠재 고객에게 IP의 매력을 확산시키는 효과적인 '무급 마케팅' 활동이 된다. 즉 팝업 스토어는 그 자체로 거대한 바이럴 콘텐츠 생산 공장 역할을 한다.

오프라인 공간이 미디어가 되다: 유통과 콘텐츠의 결합

사실 팝업 스토어의 열풍은 더 큰 변화의 일부다. 바로 백화점이나 복합 쇼핑몰과 같은 '오프라인 공간' 자체가 새로운 '미디어'가 되었기 때문이다. 1장에서도 설명했듯이 전통적인 미디어의 영향력이 약화된 '액체 미디어' 시대에 기업은 대중의 주목을 끌 수 있는 새로운 장소를 필사적으로 찾았다. 그리고 매력적인 IP를 품은 오프라인 공간이 강력한 대안으로 떠올랐다.

과거 쇼핑몰이 유동 인구를 만들기 위해 극장을 입점시켰던 것처럼, 오늘날의 유통 기업은 특정 팬덤을 타겟으로 끌어들이기 위해 IP 팝업 스토어를 유치한다. 성수동 어느 골목에 문을 연 팝업 스토어에 수만 명의 인파가 몰리는 현상은 TV 광고보다 오프라인 공간에서의 '경험'이 더 강력한 주목을 만들어 냄을 증명한다. 이제 유통 기업은 단순히 공간을 임대하는 것을 넘어, 어떤 IP와 협력하여 어떤 경험을 제공할 것인지를 기획하는 '콘텐츠 프로듀서'이자 '미디어 플랫폼'의 역할을 수행한다.

물성매력의 시대: 만져지는 경험에 지갑을 여는 사람들

이 모든 현상의 기저에는 코로나19 팬데믹을 거치며 더욱 중요해진 '물성(物性)매력'[24]에 대한 갈망이 있다. 우리는 디지털의 편리함 속에서 살아가지만, 동시에 물리적인 접촉과 실재하는 경험에 대한 가치를 재발견하는 중이다. 이제 굿즈는 IP를 내 손안에 쥐게 하는 '촉각의 경험'을, 팝업 스토어는 IP의 세계를 직접 거니는 '공간의 경험'을 제공한다.

이처럼 만져지고 느껴지는 경험은 디지털 화면을 통해 얻는 시청각적 경험과는 다른 차원의 깊이와 만족감을 준다. 팬들은 이 특별한 '몸의 경험'을 위해 자신의 지갑 열기를 주저하지 않는다. 결국 성공적인 IP 확장은 디지털과 현실, 이야기와 물성을 넘나들며 팬들의 삶 전체를 아우르는 총체적인

---

[24] 도서 『트렌드 코리아 2025』에서 저자 김난도 서울대 소비자학과 교수는 특정 대상에 경험 가능한 물성을 부여함으로써 매력도를 높여주는 힘을 '물성매력'이라고 표현한 바 있다.

경험을 설계하고 제공하는 능력에 달려 있다. 스크린 속 세계를 현실의 매력적인 경험으로 바꾸어 내는 것, 지금의 IP 비즈니스의 핵심 과제에 해당한다.

10

체험과 경험의 차이

지금까지 IP의 가치가 팬덤의 '경험'을 축적하는 데서 비롯된다고 이야기했다. 이 장에서는 이 개념을 보다 정교하게 다듬어 보고자 한다. 이를 위해 필자는 '체험'과 '경험'이라는 두 개념을 구분하는 것에서부터 논의를 시작하려고 한다. 모든 콘텐츠가 IP가 되는 것은 아닌 만큼, 체험과 경험의 차이를 이해하는 것은 매우 중요하다.

'체험'과 '경험'의 개념적 차이

우리가 어떤 콘텐츠를 접할 때, 그것은 먼저 '사건' 혹은 '체험'으로 다가온다. 유튜브의 수많은 영상을 시청하고, 게임에서 승리하며 쾌감을 느끼고, 팝업 스토어를 방문하는 것은 모두 감각적이고 순간적인 활동이다. 이러한 활동은 강렬하고 중요하지만, 그 자체만으로는 깊은 의미를 남기지 못하고 그냥 스쳐 지나가기가 쉽다. 대부분 파편적이고 일회적인, 말 그대로 그냥 '일어난 일'에 가깝다.

이 지점을 철학자 빌헬름 딜타이(Wilhelm Dilthey)의 눈으로 깊게 들여다보면, 그는 『체험, 표현, 이해』에서 체험(Erlebniss)를 '살아있는, 직접적이고 순간적인, 아직 반성 되지 않은' 의식의 흐름이라고 설명했다. 이는 아직 해석되거나 성찰되지 않은, 날것 그대로의 마주침에 가깝다. 반면, 필자가 강조해 온 '경험'은 이러한 단편적인 '체험'을 되돌아보고, 의미를 파악하여, 다른 체험과의 관계 속에서 연결하고 구조화할 때 형성되는 것을 말한다. 이 과정의 핵심이 바로 딜타이가 이야기한 '이해(Verstehen)'이며, 이는 곧 '의미화'의 과정이다.

의미화 과정: 체험은 어떻게 경험이 되는가

철학자 존 듀이는 단편적인 '사건들'이 어떻게 통합된 '하나의 경험'이 되는지를 설명했다. 그에 따르면, 진정한 경험은 분명한 시작과 발전, 그리고 만족스러운 완결의 구조를 가진다. 중요한 것은 순간적인 감각이 그 자체로 경험이 되는 것이 아니라, 우리의 기억과 반성적 사고가 개입하여 의미를 부여할 때 비로소 '경험'이 된다는 것이다.

콘텐츠 IP의 맥락에서 이를 해석해보자. 팬이 좋아하는 캐릭터가 등장하는 순간의 설렘, 중요한 대사를 들을 때의 감동, 예상치 못한 반전에서 느끼는 충격 등은 모두 강렬한 '체험'이다. 하지만 이러한 체험이 IP 자산이 되려면, 팬들의 머릿속에서 하나의 의미 있는 서사로 연결되어야 한다.

예를 들어, '해리포터' 팬 입장에서는 호그와트 입학 장면, 친구들과의 우정, 볼드모트와의 최종 대결 등 각각의 개별적 체험이 '성장'이라는 하나의 테마로 엮어질 때, 단순한 판타지 소설 읽기를 넘어 자신만의 '성장 경험'이 된다. 캐릭터의 여정에 자신의 삶을 투영하고, 커뮤니티에서 다른 팬들과 의미를 공유하며 새로운 해석을 발견해 나가는 모든 과정이 바로 '경험'을 구축하는 행위이다.

콘텐츠 IP의 진정한 가치는 팬들에게 얼마나 많은 '체험'의 순간을 제공했는가에 있지 않다. 오히려 파편적인 체험이 팬들의 삶 속에서 어떻게 연결되고 해석되어, 잊을 수 없는 '하나의 경험'으로 의미화되는지에 달려있다.

경험에서 출발하는 IP 전략: 진정성과 오리지널리티

그렇다면 이러한 통찰이 현재 콘텐츠 산업에 던지는 시사점은 무엇인가? 인공지능 기술이 콘텐츠 제작 영역까지 확장되는 시기에, 우리는 어떤 방식으로 유의미한 경험을 만들어 나갈 수 있을까?

기술적 편의성에만 의존한 어설픈 시도는 오히려 사람들에게 의미 있는 '경험'으로 다가가기 어렵다. 그리고 새로운 기술이 주는 '신기한' 체험은 금방 잊혀진다. 지금의 미디어 환경은 기술을 활용해 콘텐츠를 짧은 조각으로 나누는 파편화를 종용한다. 하지만 체험의 조각을 많이(과잉) 공급한다고 해서 의미 있는 경험으로 작동하지는 않는다. 이럴 때는 오히려 단 한번의 특별한 경험이 더 나을 수 있다. 즉 희소성에 더 큰 가치를 부여하는 것이다.

우리는 지금 콘텐츠와 현실, 생산자와 소비자의 경계가 허물어지는 거대한 전환의 시대에 서 있다. 변하지 않는 단 하나의 진실이 있다면, 그것은 인간이 결국 '경험'을 통해 세상을 이해하고, 관계를 맺으며, 삶의 의미를 찾는다는 사실이다.

콘텐츠 IP 비즈니스는 바로 인간의 본질에 가장 깊이 맞닿아 있는 산업이다. 단순히 볼거리를 파는 사업이 아니라, 사람들의 삶에 잊지 못할 경험을 선물하고, 그 경험을 평생의 자산으로 함께 가꾸어 나가는 여정이다. 따라서 미래의 콘텐츠 기업이 갖춰야 할 핵심 역량으로 얼마나 많은 콘텐츠를 생산하느냐가 아니라, 얼마나 깊이 있고 의미 있는 '경험'을 설계하고 관리할 수 있느냐로 보아야 한다.

팬들의 마음속에 어떤 경험의 씨앗을 심고, 그것이 어떻게 자라나 IP 자산이라는 숲을 이루게 할 것인가? 이 질문에 대한 자신만의 답을 찾아 나가는 창작자와 기획자, 그리고 마케터의 손에 우리 콘텐츠 산업의 미래가 달려있다.

3부

IP 가치의 근원, 팬덤

11

**디깅 모멘텀:
IP는 어떻게 시대정신이 되었나**

지금까지 IP의 법적, 사업적 의미를 살펴봤다면, 이제 IP가 왜 우리 시대 가장 강력한 비즈니스 동력이 되었는지, 문화적 배경을 들여다볼 차례다. IP의 부상은 단순히 특정 산업의 기술적, 사업적 변화가 아니라 우리가 세상을 보고, 즐기고, 관계 맺는 방식 자체가 바뀌는 시대적 흐름과 깊이 연결되어 있다. 필자는 이러한 변화의 핵심을 '디깅 모멘텀(Digging Momentum)'이라는 키워드로 설명해보려 한다. 이는 소수의 취향이 어떻게 주류 문화의 원동력으로 바뀌었는지를 보여주는 중요한 실마리다.

과거에는 어른이 만화나 장난감을 좋아하면 우리는 그들을 '키덜트(Kidult)'라고 불렀다. 이 단어는 '아이(Kid)'와 '어른(Adult)'의 합성어지만, 어딘가 살짝 비웃는 듯한, 낮춰 부르는 느낌이 있다. '애어른'이라는 말처럼, 그 안에는 '어른이라면 하지 않을 법한 유치한 행동'이라는 사회적 시선이 은연중에 있다.

전형적인 키덜트의 이야기는 이랬다. "어릴 적 엄마가 건담 프라모델을 사주지 않으셨는데, 그 아쉬움 때문에 이제 내 돈으로 비싼 피규어를 산다." 이 말 속에는 자신의 취미를 설명하기 위해 '내가 아직 덜 자라서 그렇다'는 식의 변명이 필요했던, 어딘가 떳떳하지 못했던 과거의 분위기가 담겨 있다. 가상 세계에 돈을 쓰는 것이 이상하게 여겨졌기에 자신의 취향을 드러내는 데 일종의 평계가 필요했던 것이다.

하지만 어느 순간부터 이런 분위기에 근본적인 변화가 일어나기 시작했다. 김난도 교수의 저서『트렌드 코리아 2023』에서 제시된 '디깅 모멘텀'이라는 용어는 이런 변화를 잘 보여준다. '디깅(Digging)'은 자신이 좋아하는 분야를 깊게 파고드는 행위를 더 이상 유치한 취미가 아니라, 전문적인 탐구이자 존중받을 만한 열정으로 바라본다. '덕후'라는 단어가 과거의 부정적인 느낌을 벗고, 어떤 분야의 전문가를 지칭하는 긍정적인 의미, 심지어 '힙한' 느낌까지 갖게 된 것도 같은 맥락이다. 우리는 더 이상 자신의 취향을 숨기기 위해 '일코(일반인 코스프레)'를 할 필요가 없어졌고, 당당하게 가방에 캐릭터 키링을 달고, 휴대폰 배경화면으로 자신의 '최애'를 설정하는 시대를 살고 있다.

이러한 인식의 변화가 왜 중요할까? '키덜트' 시대의 IP 시장은 어디까지나 아이들과 일부 어른들에게 한정된 '틈새시장'이었지만, '디깅'의 시대가 되면서 구매력을 가진 성인 전체가 IP 비즈니스의 잠재 고객이 되었기 때문이다. 성인이 애니메이션을 보고, 웹툰에 수십만 원을 결제하며, 캐릭터 상품을 사는 것이 더 이상 부끄럽거나 특별한 일이 아닌게 되면서 IP 시장의 규모는 폭발적으로 커졌다. 서브컬처로 여겨졌던 일본 애니메이션이 OTT 플랫폼을 통해 전 세계 주류 문화로 떠오른 현상도 이러한 흐름과 맞닿아 있다.

이러한 문화적 수용성의 극적인 변화를 보여준 결정적인 사례가 바로 〈펭수〉다. 사람들은 펭수를 가상의 존재 그 자체로 인정하고, 현실 세계에서 활동하는 우리와 함께 살아가는 하나의 인격체이자 셀럽으로 받아들였다.

필자는 이것이야말로 '메타버스적 순간'이라고 생각한다 ('반려 IP'를 설명하면서도 이 개념을 언급한 바 있다). 메타버스란 단순히 3D 그래픽으로 만들어진 가상현실 플랫폼을 의미하는 것은 아니다. 가상보다 현실이 더 중요하고 가치 있다는 기존의 위계적 사고가 무너지고, 가상의 존재가 우리 삶에 자연스럽게 들어와 현실의 존재와 동등한 영향력을 갖게 되는 순간을 의미한다. 즉 우리가 펭수를 온전히 받아들이는 순간, 가상의 존재인 아이돌 그룹 '플레이브'[25]가 공중파 음악 방송에서 1위를 하고, 뽀로로의 친구 '잔망루피'가 명품 브랜드

---

[25] 플레이브(PLAVE)는 2023년 3월 12일 데뷔한 5인조 버추얼 보이그룹으로 단순한 3D 캐릭터가 아니라, 실제 사람을 두고 모션 캡처 기술을 통해 실시간으로 아바타를 움직이며 소통하는 퍼포먼스를 선보였다. 플레이브의 가장 큰 특징은 실제 아이돌처럼 팬들과 라이브 방송을 통해 실시간으로 소통한다는 점이다. 멤버들은 방송에서 농담을 주고받고, 팬들의 질문에 즉각 반응하는 등 깊은 유대감 형성에 집중했다. 2024년 3월 MBC '쇼! 음악중심'에서 'WAY 4 LUV'로 1위를 차지하며 버추얼 아이돌 최초로 지상파 음악방송 1위라는 기록을 세웠다.

불가리의 앰버서더가 될 수 있는 문화적 토양이 마련되는 것이다.

콘텐츠 IP가 일반 소비재 브랜드와 어깨를 나란히 하거나, 때로는 그 이상의 영향력을 갖게 된 배경에는 이러한 문화적 변화가 자리하고 있다. 과거에는 상상할 수 없었던 방식으로 IP가 우리 일상에 깊숙이 스며들고, 우리는 그 존재를 자연스럽게 받아들이기 시작했다.

IP는 더 이상 아이들의 전유물도, 소수 마니아의 은밀한 취미도 아니다. 우리 모두의 일상과 취향, 그리고 정체성을 표현하는 가장 강력한 문화적 코드다. 이러한 문화적 기반 위에서, IP 비즈니스가 성장한다.

12

팬덤이란 무엇인가:
능동적 수용자에서
생산적 수행자로

콘텐츠 IP 비즈니스를 이해하기 위한 여정에서 우리는 필연적으로 '팬덤(Fandom)'이라는 존재와 마주하게 된다. 앞서 IP의 가치는 그것을 좋아하고 사랑하는 사람들로부터 나온다고 반복해서 이야기했다. 그렇다면 '그들, 즉 팬덤은 과연 누구이며 어떤 특징을 가지고 있을까?' 그리고 '팬덤은 어떻게 하나의 콘텐츠를 성공적인 IP로 성장시키는 걸까?' 이를 이해하는 것은 IP 비즈니스에 있어 매우 중요한 과제다. 이번 장에서는 팬덤의 정의와 역사적 의미를 짚어보고, 미디어 연구의 관점에서 어떻게 이들이 '수동적 대중'에서 '생산적 수행자'로 진화해 왔는지 논의하고자 한다.

팬덤의 정의

일반적으로 팬덤은 "특정 스타 혹은 미디어 콘텐츠에 대해 애호와 충성심을 공유하는 집단, 또는 그들이 형성하는 독특한 하위문화"를 의미한다. 여기서 핵심적인 단어는 바로 '애호(愛好)'와 '충성심(Loyalty)'이다. 단순히 '싫지 않다'거나 가볍게 '좋아한다'는 감정을 넘어, 강한 헌신과 애착을 보이는 집단적 현상을 팬덤이라고 부른다. 어떤 이들은 스스로 팬으로 정체화하고 그에 맞는 역할을 수행하는 사람들의 공동

체라고 정의하기도 한다.

팬덤이라는 단어의 어원을 살펴보면, 처음부터 긍정적인 의미는 아니었다. 팬덤은 '광신자(Fanatic)'를 의미하는 '팬(Fan)'과 영토나 집단을 의미하는 접미사 '덤(-dom)'의 합성어다. 즉, 문자 그대로는 '광신자 집단'이라는 다소 부정적인 뉘앙스를 품고 있다. 실제로 과거 한국 사회에서는 팬들을 향해 '오빠부대'나 '빠순이' 같은 비하적인 표현을 서슴지 않았다. 이러한 단어 속에는 팬덤 문화를 특정 집단의 일탈적 문화로 폄하하려는 시선이 담겨 있었다.

하지만 시대는 변했다. 이제 팬덤은 산업적으로 매우 중요한 자원이자, 콘텐츠 산업의 특성을 규정하는 핵심 요소로 인정받고 있다. 자본주의 시장은 어떻게 하면 이들의 열정적인 활동을 더 활성화할 수 있을지를 고민하며 다양한 상품과 서비스를 쏟아낸다. 이처럼 팬덤에 대한 인식이 부정에서 긍정으로, 문제적 집단에서 가치의 원천으로 변화한 배경에는 그들의 '능동성'에 주목한 학문적 논의의 발전이 자리하고 있다.

미디어 연구의 시선: 수동적 대중에서 능동적 수용자로

팬덤의 가치를 일찌감치 발견하고 진지한 연구 대상으로 삼은 분야는 바로 미디어 연구, 그 중에서도 '문화 연구(Cultural Studies)'였다. 과거 SMCRE(Source-Message-Channel-Receiver-Effect)로 대표되는 전통적인 미디어 효과 모델에서 수용자(Receiver)는 발신자가 보낸 메시지를 일방적으로 수신하는 수동적인 존재로 여겨졌다. TV 앞에 앉아 채널이 보여주는 것을 그저 바라보기만 하던 매스미디어 시대의 시청자 상이었다.

문화 연구자들은 이러한 관점과는 다른 입장을 취했다. 그들은 수용자가 수동적인 존재가 아니며, 미디어 텍스트를 자신만의 방식으로 적극적으로 해석하고 의미를 재구성하는 능동성을 갖고 있다는 점에 주목했다. 그리고 이러한 능동성을 가장 극적으로 보여주는 집단인 팬덤을 주시했다. 팬덤을 주어진 콘텐츠를 단순히 소비하는 데 그치지 않고, 그 안에서 자신만의 의미를 찾고, 새로운 문화를 만들어내는 주체적인 행위자로 이해한 것이었다.

생산적 수행자로서의 팬덤과 세 가지 생산성

팬덤은 단순히 의미를 해석하는 것을 넘어, 무언가를 직접 만들어내고(생산), 구체적인 행위에 참여하는(수행) 존재, 즉

'생산적 수행자(Productive Performer)'로서의 특성을 보여주었다. 미디어 학자 존 피스크(John Fiske)[26]는 팬덤의 이러한 창의적 활동을 세 가지 '생산성'으로 구분하여 설명했다.

첫째는 '기호적 생산성(Semiotic Productivity)'이다. 이는 콘텐츠가 담고 있는 의미, 즉 기호를 자신만의 방식으로 재해석하여 새로운 의미를 만들어내는 활동이다. 제작자가 의도하지 않았던 새로운 관계나 숨겨진 맥락을 읽어내는 팬들의 해석 활동이 여기에 해당한다.

둘째는 '발화적 생산성(Enunciative Productivity)'이다. 이는 자신이 만들어낸 의미를 다른 사람과 공유하고 소통하는, 즉 '말하는' 행위를 말한다. 과거에는 주변 사람들과의 대화에 그쳤겠지만, 오늘날에는 인터넷 게시판, 소셜 미디어, 댓글 등을 통해 팬들의 '발화'가 전 세계로 공유되고 확산된다.

셋째는 '텍스트 생산성(Textual Productivity)'이다. 이는 팬들이 직접 새로운 창작물을 만들어내는 가장 가시적인 활동이다. 좋아하는 아이돌 멤버들의 관계를 상상하여 소설로 쓰

---

26 존 피스크(John Fiske)는 미국의 문화연구학자이자 미디어 이론가로 대중문화와 팬덤, 수용자 중심의 미디어 해석에 큰 영향을 미친 인물이다. 그는 20세기 후반 문화 연구(Cultural Studies) 분야에서 활약했으며, 미디어와 텍스트가 어떻게 수용자에 의해 해석되고 재구성되는지에 주목했다. 대중을 수동적으로 미디어를 소비하는 존재가 아니라, 능동적으로 의미를 생산하고 문화를 재창조하는 참여자로 보았다. 주요 저서로 『텔레비전 문화』가 있다.

는 '팬픽(Fan-fiction)', 작품의 장면을 재구성한 '팬아트(Fan-art)'나 '팬비드(Fan-video)' 등이 모두 여기에 속한다. 이처럼 팬들은 자발적이고 능동적인 참여를 통해 원작의 세계를 풍성하게 만드는 새로운 콘텐츠를 끊임없이 생산해낸다.

K-POP 팬덤의 진화와 참여 문화

이러한 '생산적 팬덤' 모델을 가장 성공적으로 산업 구조에 내재화한 사례가 바로 K-POP이다. 2000년대 말부터 K-POP 산업은 기획사와 미디어뿐만 아니라, 팬덤의 적극적인 참여를 전제로 한 산업으로 진화했다. K-POP의 글로벌 성공 뒤에는 팬덤의 헌신적인 '생산 활동'이 있었다.

팬들은 음원의 공식적인 유통이 이루어지기도 전에 자발적으로 노래 가사와 인터뷰 영상을 번역해 언어의 장벽을 허물었다. 뮤직비디오를 보며 감탄하고 눈물 흘리는 자신의 모습을 담은 '리액션 비디오'를 제작해, 다른 잠재적 팬들에게 해당 콘텐츠를 어떻게 즐겨야 하는지 안내하는 가이드 역할도 했다. 또한, 아티스트의 춤을 따라 추는 '커버 댄스' 영상을 공유하며 IP의 매력을 몸소 전파하기도 했다.

이러한 팬덤의 활동은 미디어학자 헨리 젠킨스가 말한 '참여 문화(Participatory Culture)'의 전형이다. 이는 생산자와 소비자의 경계가 흐려지고, 팬들이 IP의 세계를 함께 만들어나가는 문화를 말한다.

　IP의 가치는 창작자가 만들어낸 '작품'을 넘어서, 팬들의 자발적인 참여와 생산 활동을 통해 축적되고 확장된다. 팬덤은 더 이상 콘텐츠의 최종 소비자가 아니라, IP 가치 사슬의 가장 중요한 파트너이자 공동 생산자 역할을 한다.

13

팬덤의 성장 동력,
하위문화자본과 기여의 욕망

앞서 우리는 팬덤이 단순한 소비자를 넘어, 콘텐츠의 의미를 해석하고 새로운 창작물을 만들어내는 '생산적 수행자'임을 확인했다. 그렇다면 그들은 왜 이토록 열정적으로 시간과 노력을 쏟아붓는 것일까? 누가 시키지도 않은 번역을 하고, 밤을 새워 영상을 편집하고, 자신의 돈을 들여 광고를 집행한다. 이들을 움직이는 힘은 무엇일까?

핵심에는 인간의 가장 근본적인 욕구가 자리한다. '내가 속한 공동체에 뭔가 보탬이 되고 싶다'는 마음 말이다. 사람은 누구나 의미 있는 집단의 일원이 되어 인정받고, 공동의 목표에 힘을 보태며 자신의 존재 이유를 확인하고 싶어 한다. 팬덤은 바로 이런 기여의 욕망이 'IP'라는 중심축을 만나 가장 순수하고 강렬하게 터져 나오는 공동체이자, 현상이라 할 수 있다.

'덕질'이 자원이 되는 순간, '하위문화자본'

팬덤이라는 세계에서 '기여'는 어떻게 측정되고 인정받을까? 프랑스의 사회학자 피에르 부르디외(Pierre Bourdieu)[27]

---

27 피에르 부르디외(Pierre Bourdieu, 1930-2002)는 20세기 후반 프랑스를

의 '문화자본' 개념을 빌려 오면 이해가 쉽다. 그는 사회적 지위를 결정하는 것이 경제적 자본(돈)뿐만이 아니며, 특정 집단 내에서 가치 있다고 여겨지는 지식, 취향, 문화적 능력에도 주목했다. 그리고 이를 '문화자본(Cultural Capital)'으로 명명했다. 클래식 음악에 대한 깊은 지식이나 미술 작품을 감상하는 세련된 안목처럼, 문화자본은 그 소유자에게 상징적인 권위와 명예를 안겨주는 것과 같다.

팬덤 연구자들은 이 개념을 빌려와 팬덤 공동체 내부에서 작동하는 독특한 형태의 자본을 설명했다. 바로 '하위문화자본(Subcultural Capital)'이다. 이는 특정 팬덤 내에서만 가치를 인정받는 지식과 경험의 총체를 의미한다. 예를 들어, 특정 아이돌 그룹의 데뷔 초 희귀 영상을 소장하고 있거나, 멤버들만 아는 사소한 습관이나 에피소드를 줄줄 꿰고 있는 것은 그 팬덤 안에서는 엄청난 '하위문화자본'이 된다. 다른 사람들은 아무도 알아주지 않지만, 그들의 세계에서는 선망과 존경의 대상이 된다.

대표하는 영향력 있는 사회학자이자 인류학자, 철학자, 그리고 비판적 지식인이다. 부르디외는 사회적 불평등이 단순히 경제적 차원에서만 발생하는 것이 아니라, 다양한 형태의 자본이 복합적으로 작용하여 재생산된다고 주장했다. 그의 대표 저서로는 『구별짓기: 문화와 취향의 사회학』 『재생산: 교육체계 이론의 기초』 『텔레비전에 대하여』 등이 있다.

팬들은 이러한 자본을 축적하기 위해 부단히 노력한다. 콘텐츠를 꼼꼼히 챙겨보고, 관련 정보를 수집하며, 다른 팬들과 교류하며, 자신의 지식과 경험을 넓혀간다. 이렇게 수집한 콘텐츠를 다른 팬들과 나누는 행동은 공동체의 가치를 올리는 '기여'인 동시에 자신의 전문성을 인정받는 과정이다. 이처럼 '덕력'이 깊어질수록 하위문화자본은 두터워지고, 팬덤 커뮤니티 내에서의 발언권과 영향력도 함께 커진다.

'덕력'이 현실의 전문성으로

하위문화자본은 더 이상 상징적인 명예에만 머무르지 않는다. 팬덤의 규모가 커지고 산업적 중요성이 부각되면서, 팬덤 내부의 전문가는 외부 세계에서도 그 가치를 인정받기 시작했다. 예를 들어, 특정 아이돌의 의상 변천사를 꿰뚫고 있는 팬의 '덕력'은 훗날 아이돌 그룹의 전시를 기획할 때 누구보다 뛰어난 전문성을 발휘한다. 그리고 멤버들 간의 케미를 누구보다 잘 아는 팬은 새로운 콘텐츠를 만들 때 제작진에게 핵심적인 아이디어를 주는 컨설턴트가 될 수 있다.

이렇게 팬 활동을 통해 축적된 깊이 있는 지식과 애정, 즉 '덕력'은 이제 무시할 수 없는 전문성이자, 새로운 비즈니스를 만드는 소중한 자원이다. 기업들이 이런 팬 전문가들을 '팬슈머'라 부르며 상품 기획과 마케팅에 적극 참여시키는 것도, 팬덤의 기여로 만들어진 하위문화자본이 공식적인 산업 영역으로 들어오고 있다는 증거에 해당한다.

"내 IP는 내가 키운다": 기여 욕망의 확장

팬들의 기여 욕망은 지식을 쌓고 전문성을 인정받는 걸 넘어서, 자신이 사랑하는 대상의 사회적 가치를 높이는 방향으로 뻗어 나간다. 스타의 생일을 맞아 멸종위기 동물을 돕고, IP 이름으로 숲을 만드는 활동들이 대표적인 사례다.

이런 일은 "내가 사랑하는 사람은 이렇게 멋지고, 우리 팬덤은 이토록 선한 공동체다"라는 걸 세상에 보여주고 싶은 마음에서 나온다. 팬들은 이런 '선한 영향력'을 실천하며 공동체의 명예를 높이는 데 직접 보탬이 됨으로써, 개인적 만족을 뛰어넘는 강한 자부심과 동료애를 가지게 된다.

결국 팬들의 모든 자발적이고 헌신적인 활동은 "내 IP는 내가 키운다"는 주인의식과 애정으로 모아진다. 이는 IP의 성장에 직접 참여하고 기여하고 싶다는 욕망의 표현으로 앨범 판매량을 세고, 음원 순위를 올리고, 투표로 상을 안겨주려는 행위로 이어진다. 이러한 K-POP 팬덤의 조직적 활동은 기여 욕망이 어떻게 IP의 성장으로 이어질 수 있는지를 잘 보여준다.

팬덤은 단순한 감정적 애호를 넘어, 하위문화자본을 축적하고 기여의 욕망을 실현하려는 뚜렷한 목표를 가진 집단이다. 성공적인 IP 비즈니스는 팬들의 본질적인 기여 욕망을 얼마나 깊이 이해하고, 그들이 즐겁게 참여할 수 있는 무대를 마련해주느냐에 달려 있다. 팬들을 그저 관리할 대상으로 보는 시각에서 벗어나, 그들의 열정과 전문성을 존중하고 함께 IP의 가치를 키워나가는 동등한 파트너로 대해야 하는 이유가 바로 여기에 있다.

14

팬덤을 위한 '놀이터' 설계하기

팬덤이 IP 가치의 근원이라는 걸 알았다면, 다음 질문은 당연히 "어떻게 그들의 열정과 창의성을 끌어낼 것인가?"가 된다. 팬들은 가만히 앉아 콘텐츠를 수동적으로 소비하는 존재가 아니다. 그들은 자신이 사랑하는 IP의 세계 안에서 뭔가 하고 싶고, 직접 뛰어들어 놀고 싶다. 따라서 성공적인 IP 비즈니스를 꿈꾸는 기업의 핵심 과제는 팬들이 마음껏 뛰어놀 수 있는 매력적인 '놀이터'를 만들어주는 것이다. 제대로 된 놀이터는 팬들의 자발적 참여를 끌어낸다. 그리고 그들의 활동으로 IP 가치는 저절로 높아지는 선순환이 만들어진다.

팬덤의 참여와 '놀동'

팬들의 창발적 활동을 이해하기 위해선 미디어 연구자 줄리안 퀴클리히(Julian Kücklich)가 제안한 '놀동(놀이노동, Playbor)'이라는 개념을 알아두면 좋다[28]. '놀동'은 놀이(play)

---

28   줄리안 퀴클리히는 독일 출신의 미디어 및 게임 연구자로 디지털 문화, 게임 연구, 사용자 참여, 팬덤, 노동과 놀이의 융합 등을 연구해온 학자다. 특히 디지털 시대의 참여자 생산(Participatory Production)과 관련된 개념을 선도적으로 제시했다. 'Playbor(놀동)'은 영어 단어 play(놀이)와 labor(노동)의 합성어로 즐겁게 자발적으로 참여하는 활동이 자본주의적 생산에 기여하는 노동이라는 이중성을 담고 있다. 한국에서는 문화연구자 강신규와 이준형이 한국언

와 노동(labor)의 합성어로 팬들이 자신이 좋아하는 스타를 위해 '즐기면서 기꺼이 일해주는' 독특한 노동을 말한다. 팬들이 커뮤니티에 모여 작품 해석을 나누고, 좋아하는 캐릭터의 팬아트를 그리고, SNS에서 밈을 만들어 퍼뜨리는 행위는 그들(팬)에게는 더없이 즐거운 '놀이'다. 그리고 기업 관점에서는 이 모든 활동이 돈 한 푼 안 들이고 IP를 홍보하고, 새 팬을 끌어들이며, 기존 팬덤의 충성도를 높이는 효과적인 마케팅 활동인 '노동'이 된다.

이 구조는 때로 아이러니한 결과를 낳는다. 팬들의 '놀동'이 IP의 가치를 높이면, 기업은 그 높아진 가치를 기반으로 더 비싼 가격의 굿즈나 공연 티켓을 판매한다. 팬들은 자신이 가치를 키우는 데 기여했음에도, 더 높아진 가격을 지불해야 한다. 이는 마치 "자신의 노동으로 인해 높아진 가치를 스스로 다시 사는" 행위와 같다. 이처럼 팬덤의 자발적 참여 에너지를 IP의 자산 가치로 전환하고, 다시 그들에게 판매하는 것이 현대 팬덤 경제의 핵심적인 작동 방식이다. 기업의 역할은 이러한 '놀동'이 더욱 활발하게 일어날 수 있는 환경, 즉 훌륭한 놀이터를 만드는 것이다.

론학보(2019년 10월)에 〈생산과 소비 사이, 놀이와 노동 사이: '프로듀스 48'과 팬덤의 재구성〉이라는 논문을 통해서 '즐기면서 일해 주는' 팬덤의 특성을 포착한 바 있다.

놀이터의 설계도, 세계관

모든 놀이터에 기본적인 구조와 규칙이 필요하듯, IP의 놀이터에도 그 기반이 되는 설계도가 필요하다. 그것이 바로 '세계관'이다. 세계관은 작품의 배경이 되는 가상 세계의 역사, 지리, 규칙, 설정 등을 포함하는 총체적인 시스템이다. 이는 단순히 작가의 상상력을 보여주는 것을 넘어, 팬들이 IP와 상호작용하고 그 안에서 창의적인 활동을 펼칠 수 있는 일관된 토대를 제공하는 역할을 한다.

특히 여러 창작자가 참여하는 거대 프랜차이즈 IP에서 세계관은 필수적이다. 각기 다른 작가와 감독이 만드는 콘텐츠가 서로 충돌하지 않고 하나의 거대한 그림을 완성할 수 있으려면 모두가 공유하는 일관된 설정집이 필요하다. 하지만 그보다 더 중요한 것은 팬들과의 관계에서 세계관이 수행하는 역할이다.

잘 구축된 세계관은 팬들에게 탐구하고 해석할 거리를 무궁무진하게 제공한다. 그리고 창작자가 일방적으로 주입하는 것이 아니라, 팬덤으로부터 '승인'받는 과정[29]을 필요로

---

[29] 콘텐츠 세계관 기획자 김동은은 세계관에 대해 창작자가 만드는 것이 아니라 팬덤으로 부터 '승인' 받는 것이라고 지적한 바 있다. 공급자가 구성한 '설정집'의 나열이 아니라, 다양한 환경 속에 노출되며 '발견'된 요소들이 이용자

한다. 그리고 너무 빽빽하고 완벽하게 짜인 세계관은 오히려 팬들이 끼어들 여지를 없애버린다. 팬의 상상력으로 채워 넣고, 해석을 통해 논쟁하며, 2차 창작으로 비틀어볼 수 있는 적절한 '빈틈'과 '여지'를 남겨두는 것이 좋은 세계관의 조건이다. 세계관은 완성된 지도가 아니라, 팬들과 함께 그려나가는 미완의 설계도여야 한다.

놀 거리 제공하기: 떡밥과 이스터 에그의 미학

세계관이 놀이터의 구조라면, 팬들이 직접 가지고 놀 수 있는 '놀 거리'도 풍부하게 마련되어야 한다. 콘텐츠에서 이러한 놀 거리의 역할을 하는 것이 바로 '떡밥'과 '이스터 에그(Easter Egg)'다.

'떡밥'은 제작자가 의도적으로 남겨둔 미해결의 단서나 암시를 의미한다. "주인공의 과거에는 어떤 비밀이 있을까?" "저 장면의 상징적인 소품은 무엇을 의미할까?"처럼 질문을 던지게 하는 장치다. 팬들은 이 떡밥을 중심으로 모여 온갖

들끼리의 자연스런 동의 과정이라고 말했다. (참고: https://brunch.co.kr/@whtdrgon/18)

추측과 해석을 쏟아내고, 커뮤니티에서 열띤 토론을 벌이며 IP에 대한 몰입도를 높인다.

'이스터 에그'는 작품 곳곳에 숨겨진, 다른 작품과의 연결고리나 제작자의 재치 있는 장난을 의미한다. 이걸 발견하는 건 해당 IP에 대한 깊은 지식을 가진 열성 팬들만이 누릴 수 있는 특별한 즐거움이며, 개별 작품들이 모두 하나의 거대한 세계관 안에 연결되어 있다는 감각을 강화한다. 전 세계적으로 신드롬을 일으킨 〈오징어 게임〉에 대해서 작품 내부의 놀거리를 파고들고 해석하는 활동이 팬들 사이에서 활발하게 이루어진 것이 대표적인 사례다[30].

---

30 〈오징어 게임〉에서 찾아볼 수 있는 대표적인 이스터 에그는 참가자들이 생활하는 숙소의 벽에 그려진 그림이다. 참가자들이 잠자는 2층 침대 옆 벽면에는 첫 번째 게임인 '무궁화 꽃이 피었습니다'부터 '오징어 게임'까지, 앞으로 진행될 모든 게임의 그림이 그려져 있었다. 시청자들이 처음에는 이를 알아채지 못했다가, 게임이 진행될수록 "설마 저 그림이 다음 게임이었어?" 하며 놀라움을 느끼게 하는 장치였다. 게임 규칙을 모르는 참가자들은 벽화의 의미를 전혀 알지 못하고, 심지어 그림이 있다는 사실조차 인지하지 못했다. 게임 주최 측이 얼마나 잔혹하고 철저하게 참가자들을 가지고 놀았는지를 상징적으로 보여주는 장치이기도 했다.

공식화된 놀이터, 팬 플랫폼의 명과 암

디지털 시대에 들어, 기업들은 팬덤의 놀이터를 공식적으로 구축하고 관리하려는 시도를 본격화하고 있다. 하이브의 '위버스(Weverse)'[31]나 SM의 '버블(Bubble)'[32]과 같은 '팬 플랫폼'이 대표적인 사례. 과거 인터넷 게시판이나 소셜 미디어 등 여러 곳에 흩어져 있던 팬덤의 자발적인 활동을 하나의 공식적인 공간으로 모은 플랫폼이다.

기업 입장에서 팬 플랫폼은 매우 유용하다. 팬들의 활동 데이터를 직접 확보하여 비즈니스 전략에 활용할 수 있고, 독점 콘텐츠나 굿즈 판매를 통해 팬덤의 참여를 직접적인 수익으로 연결할 수 있다[33]. 하지만 여기에는 그림자도 존재한다.

---

[31] 하이브가 2019년 6월 출시한 위버스는 글로벌 팬덤 라이프 플랫폼을 표방한다. 아티스트와 팬의 소통, 독점 콘텐츠 제공, 굿즈 판매(위버스샵), 라이브 스트리밍, 멤버십 관리 등 팬 경험의 거의 모든 접점을 한곳에 모았다. 전체 이용자의 90% 이상이 해외 유저로, 북미, 일본, 중남미, 동남아시아 등에서 높은 이용률을 보인다. 하이브 소속 아티스트뿐만이 아니라 국내 주요 기획사 아티스트와 해외 아티스트까지 대거 입점하여 명실상부한 글로벌 팬덤 플랫폼으로 자리매김했다.

[32] SM엔터테인먼트의 자회사 디어유가 운영하는 버블은 2020년 출시된 팬 소통 플랫폼으로, 월정액 구독을 통해 아티스트가 직접 보내는 메시지를 받고 답장하는 '1대1 프라이빗 채팅'이 핵심 서비스다.

[33] 팬 플랫폼 전체 시장 규모는 현재 약 7.9조 원에 육박하며, 향후 10조 원에 이를 것으로 전망될 만큼 성장 잠재력이 높게 평가된다.

팬 플랫폼은 본질적으로 팬들의 자발적인 '놀동'이 만들어낸 가치를 기업이 '전유(Appropriation)', 즉 가져다 쓰는 전략이다. 이 과정에서 기업의 상업적 논리가 지나치게 개입하면, 팬덤 활동의 핵심이었던 자발성과 창발성이 훼손된다.

공식화된 놀이터가 지나친 통제와 수익화로 팬들에게 즐거움이 아닌 피로감을 주게 될 때, 팬은 언제든 떠날 수 있다. 따라서 팬덤을 위한 놀이터를 설계하고 운영하는 데에는 팬의 자율성을 존중하며 그들의 활동을 지원하는 섬세한 균형 감각이 무엇보다 중요하다.

4부

IP 비즈니스 실행 전략

15

**IP 전략의 시작:
확보와 매니지먼트**

앞선 장들을 통해 우리는 IP가 액체 미디어 시대의 새로운 구심점이자 팬덤의 경험이 축적된 자산이라는 사실을 확인했다. 그렇다면 이제 가장 실질적인 질문으로 나아가야 한다. 이토록 중요한 IP를 우리는 어떻게 손에 넣고, 가치를 키워나갈 수 있을까?

모든 성공적인 IP 전략은 '확보'와 '매니지먼트'라는 두 개의 기본 축 위에서 움직인다. 첫 번째 '확보'는 IP의 탄생 혹은 소유에 관한 문제이며, 두 번째 '매니지먼트'는 IP의 운명을 결정짓는 지속적인 관리와 육성에 관한 문제다. 이 두 가지를 이해하는 것이야말로 IP 비즈니스의 첫 단추를 제대로 끼우는 일이다.

IP를 확보하는 두 가지 길: 창작할 것인가, 구매할 것인가?

콘텐츠 IP를 확보하는 길은 크게 두 가지다. 첫 번째는 '직접 개발'하는 것이다. 이는 창작자나 기업이 완전히 새로운 세계관과 캐릭터를 창조하여 IP의 씨앗을 뿌리는, 가장 전통적이고 본질적인 방법이다. 이 방식의 가장 큰 장점은 IP에 대한 완전한 통제권과 잠재적 가치를 모두 소유할 수 있다는 점이다. 하지만 세상에 없던 것을 만들어 대중의 사랑을 받는

다는 것은 지극히 어려운 일이며, 대부분의 새로운 시도는 성공보다 실패로 끝날 확률이 높다는 리스크를 감수해야 한다.

두 번째 길은 이미 존재하는 IP의 권리를 '구매'하는 것이다. 이는 M&A나 라이선싱 계약 등을 통해 다른 이가 창조한 IP의 소유권이나 사업권을 가져오는 방식이다. 2장에서 살펴보았듯, IP의 저작재산권은 거래가 가능하기에 이러한 방식이 가능하다. 월트 디즈니가 픽사, 마블, 루카스필름 등 거대한 IP를 보유한 회사들을 차례로 인수하며 IP 제국을 건설한 것이 이 전략의 가장 극적인 사례다.

이 방식은 이미 팬덤과 인지도가 검증된 자산을 활용하기에 초기 실패의 리스크는 낮지만, 막대한 자본이 필요하며 어떤 IP가 미래 가치가 있는지를 알아보는 날카로운 안목을 요구한다. 두 가지 길 모두 장단점이 뚜렷하기에, 기업은 자신의 자원과 역량, 그리고 전략적 목표에 따라 어떤 방식으로 IP를 확보할지 신중하게 결정해야 한다.

확보가 전부가 아닌 이유: 죽어있는 IP와 살아있는 IP

여기서 우리가 명심해야 할 매우 중요한 사실이 있다. IP를 확보하는 것은 결코 전략의 끝이 아니라는 점이다. 수많은 기업과 창작자들이 권리를 확보한 채 IP를 방치하고 있는 경우도 많다. 그렇게 '죽어있는 IP'는 아무런 가치도 창출하지 못한다. 팬들의 기억 속에서 잊혀 가고, 더 이상 새로운 이야기나 경험을 제공하지 않는 IP는 법적인 서류상의 권리에 불과하다.

반면, '살아있는 IP'는 권리 확보 이후에도 끊임없이 팬들과 소통하고, 새로운 콘텐츠를 선보이며, 시대의 변화에 맞춰 자신의 모습을 가꾸어 나간다. 〈스누피〉는 한동안 추억 속의 IP로 머무는 듯했지만, 전문 IP 매니지먼트 회사가 그 권리를 인수한 뒤 애플TV+를 통해 새로운 애니메이션 시리즈를 선보이며, 젊은 세대에게도 사랑받는 '살아있는 IP'로 화려하게 부활했다. 이처럼 IP의 가치는 소유하는 것만으로는 보장이 되지 않는다. 그것을 어떻게 '살아있게' 만드느냐, 즉 어떻게 '매니지먼트'하느냐에 따라 운명은 새롭게 결정된다.

IP 매니지먼트란 무엇인가: 아이돌 기획사처럼 관리하기

IP 매니지먼트란, IP의 생명력을 유지하고 브랜드 가치를 극대화하기 위한 모든 전략적 활동을 의미한다. 이 복잡한 개념을 가장 쉽게 이해할 수 있는 것이 바로 '아이돌 기획사'의 역할이다. K-POP 산업은 지난 수십 년간 팬덤 비즈니스를 고도화해 왔으며, 그들의 매니지먼트 방식은 IP 관리에 대한 거의 모든 핵심을 담고 있다.

첫째, 기획사는 아이돌의 정체성과 페르소나를 관리한다. IP 매니지먼트 역시 마찬가지다. IP가 팬들에게 일관된 브랜드 경험을 제공하고, 고유의 매력을 잃지 않도록 정체성을 철저히 관리해야 한다.

둘째, 앨범 발매, 콘서트, 팬 미팅 등 팬들과의 접점을 끊임없이 기획한다. IP 매니지먼트 역시 새로운 콘텐츠 출시, 팝업 스토어, 브랜드 콜라보 등 팬들이 IP를 계속해서 경험하고 즐길 수 있도록 다양한 이벤트를 지속적으로 만들어내야 한다.

셋째, 팬클럽과 소셜 미디어를 통해 팬덤과 직접 소통한다. IP 매니지먼트 역시 팬들의 목소리에 귀 기울이고, 그들의 2차 창작 활동을 격려하며, 커뮤니티의 피드백을 향후 전략에 반영하는 등 소통의 노력을 게을리해서는 안 된다.

이처럼 IP를 하나의 인격적인 아티스트처럼 대하고, 그 성장과 활동의 모든 과정을 세심하게 기획하고 관리하는 것이 바로 IP 매니지먼트의 본질이다. 이를 위해서는 단순히 콘텐츠를 잘 만드는 역량을 넘어, 팬덤을 이해하고, 브랜드를 관리하며, 장기적인 비즈니스를 설계하는 전문적인 역량을 가져야 한다.

리스크 관리의 중요성: IP의 가치를 갉아먹는 것들

매니지먼트의 또 다른 중요한 축은 '리스크 관리'다. 잘 성장하던 IP의 가치도 예기치 못한 부정적 이슈로 인해 한순간 훼손될 수 있다.

한때 한국 게임의 자부심이었던 〈리니지〉는 그 명성에 걸맞지 않은 과도한 과금 모델과 부정적인 유저 경험이 누적되면서, 많은 이들에게 자랑스럽게 말하기 어려운 IP가 돼버렸다[34]. 리니지는 IP의 재무적 성공과 브랜드 가치가 항상 일치하는 것은 아니며, 팬덤에게 부정적인 경험을 주는 비즈니스 모델이 장기적으로는 IP의 무형 자산을 얼마나 심각하게 갉아먹을 수 있는지를 보여준다.

---

[34] 〈리니지〉의 비판받는 과금 모델인 페이 투 윈(Pay-to-Win) 모델은 단순히 게임 진행을 돕거나 꾸미는 아이템 판매를 넘어, 캐릭터의 능력치와 직접적으로 연결되는 핵심 장비나 능력을 오직 유료 아이템 구매(뽑기)를 통해서만 압도적으로 빠르게 획득할 수 있도록 설계했다. 새롭고 의미 있는 콘텐츠 업데이트보다는 기존 시스템을 재활용하거나 과금을 유도하는 방식으로만 진화한다는 비판을 팬들로부터 받았다. 단순 반복 사냥이나 자동 사냥 등 '게임을 즐긴다'기보다 '숙제를 한다'는 느낌을 주게 했다.

이 외에도 원작의 팬덤을 무시한 채 만들어진 실망스러운 속편, IP의 이미지와 어울리지 않는 부적절한 콜라보, 팬덤 내부의 갈등과 분쟁 등 IP의 가치를 위협하는 요소는 곳곳에 존재한다. 훌륭한 IP 매니지먼트는 발생 가능한 모든 리스크를 사전에 파악하고, 문제가 발생했을 때 신속하고 진정성 있게 대응하며 IP의 브랜드 가치를 지켜내는 역할을 해야한다. 결국 IP 전략의 시작은 권리를 '확보'하는 것이지만, 전략의 성패는 확보한 IP를 얼마나 오랫동안 '살아있게' 만들며 그 가치를 지혜롭게 '관리'해 나가느냐에 달려있다.

16

콘텐츠 IP의 재료들:
무엇을 쪼개고 활용할 것인가

성공적인 IP 관리는 완성된 콘텐츠 너머에 있는 핵심 구성 요소를 식별하고 잠재력을 파악하는 것에서부터 시작된다. 하나의 IP는 이야기, 캐릭터, 세계관, 시각 요소, 음악 등 수많은 개별 자산의 집합체다. IP 비즈니스의 본질은 이러한 구성 요소를 개별적으로 분석하고, 그것을 새롭게 조합하여 기존과 다른 가치를 창출하는 과정에 있다. 따라서 우리는 콘텐츠를 완결된 단일 상품이 아닌, 언제든 분해하고 재구성할 수 있는 '구성 요소의 집합'으로 보아야 한다.

콘텐츠를 '재료'의 관점으로 뜯어보기

하나의 콘텐츠를 마주했을 때, 우리는 전략가로서 질문을 던져야 한다. "여기서 우리가 활용할 수 있는 재료, 즉 구성 요소는 무엇인가?" 이 질문에 대해 어떤 IP는 답하기가 매우 쉽다. 반면, 어떤 IP는 엄청난 성공을 거두었음에도 막상 활용할 만한 개별 요소가 부족해 비즈니스 확장에 어려움을 겪는다.

세계적인 성공을 거둔 게임 〈배틀그라운드〉[35]를 생각해보

---

35 〈배틀그라운드〉는 MMO 슈팅 게임이다. 최대 100명의 인원이 무기와 탈

자. 게임을 플레이 하는 경험과 함께 그 안에서 상품화하거나 다른 이야기로 확장할 만한 상징적 요소로는 무엇이 있을까? 많은 유저들의 기억 속에 남아있는 것은 '이겼닭! 오늘 저녁은 치킨이닭!'이라는 승리 문구[36]와 총알을 막아주던 '프라이팬'[37] 정도다. 이것이 바로 배틀그라운드 IP가 가진 핵심 구성 요소의 일부다. 이처럼 IP의 잠재력을 평가할 때 대중적 성공 여부와 함께, 다른 비즈니스로 연결할 수 있는 매력적인 '재료'를 얼마나 많이 품고 있는지를 같이 살펴야 한다.

것을 활용해 벌이는 게임으로, 최후의 1인 혹은 1팀을 가려내는 방식이다. 제작사는 크래프톤(KRAFTON)으로 한국의 대표적인 게임 기업 중 하나다. 2017년 배틀그라운드의 글로벌 대성공을 통해 세계적인 주목을 받게 되었다.

36 〈배틀그라운드〉에서 최후의 1인(또는 팀)이 되어 승리했을 때 화면에 나타나는 문구다. 한국어 번역인 '이겼닭! 오늘 저녁은 치킨이닭!'은 치킨을 즐기는 한국의 문화와 언어 유희를 잘 결합한 재치를 보여주었다. KFC와 콜라보레이션('이겼닭박스' 등)을 통해 게임 밖에서도 활용될 만큼 강력한 마케팅 문구로도 기능했다. 게임 유저들뿐만이 아니라 일반 대중에게도 회자될 정도로 밈(meme)적인 요소도 갖고 있었다.

37 〈배틀그라운드〉 게임 내에서 얻을 수 있는 근접 무기 중 하나다. 다른 근접 무기들과 달리, 착용하거나 등에 매고 있으면 총알을 막아주는 방탄 기능이 있다. 진지한 생존 게임 속에서 평범한 주방 도구인 프라이팬이 총알을 막아내는 아이러니하고 유머러스한 상황은 유저들에게 웃음과 특별한 경험을 제공했다. 게임의 '재미'를 더하는 요소로 작용했다.

이야기의 확장: 가장 기본적인 IP 활용법

가장 기본적이고 강력한 구성 요소는 단연 '이야기' 그 자체다. 3장에서 살펴본 '2차적 저작물 작성권'은 이야기라는 재료를 활용하여 IP의 세계를 공식적으로 확장하는 법적 기반이다. 기업은 이 권리를 바탕으로 다양한 서사 확장 전략을 구사하며 IP의 생명력을 이어간다.

가장 일반적인 방식은 시즌제다. 기존 팬덤의 충성도를 바탕으로 다음 이야기를 이어가며 안정적인 성공을 기대하는 전략이다. 그리고 스핀오프는 원작의 매력적인 조연 캐릭터나 부차적인 사건을 중심으로 새로운 이야기를 파생시키는 방식이다. 이는 핵심 팬덤의 특정 취향을 공략하면서도 원작의 큰 줄기에 영향을 주지 않고 세계관을 풍성하게 만드는 효과를 제공한다. 프리퀄이나 시퀄은 이야기의 과거와 미래를 탐구하며 팬들이 항상 궁금해했던 질문에 답을 주거나 새로운 세대의 이야기를 선보임으로써 IP의 역사에 깊이를 더한다. 이러한 이야기의 확장은 단지 창의적인 활동이 아니라, IP라는 파이프라인을 계속해서 가동하는 핵심적인 비즈니스 전략이다.

재료의 상품화: 캐릭터, 미술, 음악, 세계관

성공적인 IP는 이야기 외에도 상품화가 가능한 다양한 매력적인 요소들을 포함하고 있다. 이러한 개별적인 재료들을 발굴하여 상품화하는 것은 IP의 가치를 극대화하는 중요한 전략이다.

- **캐릭터:** 캐릭터는 종종 원작을 뛰어넘는 가장 강력한 재료가 된다. 〈뽀롱뽀롱 뽀로로〉의 세계관에서 '잔망루피'라는 캐릭터 하나를 떼어내어, 원작과 전혀 다른 성인 팬덤을 겨냥한 독립적인 IP로 성공시킨 사례가 있다.
- **시각 요소:** 〈오징어 게임〉의 성공은 독창적인 시각 요소가 얼마나 강력한 IP 자산이 될 수 있는지를 증명했다. 초록색 운동복, 분홍색 관리자 의상, 가면의 동그라미·세모·네모 기호 등은 그 자체로 드라마를 상징하는 아이콘이 되어 전 세계적으로 무수한 파생 상품과 밈을 창출했다.
- **음악:** 드라마나 영화 속 'OST'는 때로 원작보다 더 긴 생명력을 갖는다. 잘 만들어진 음악은 그 자체로 독립적인 상품이 되어 음원 수익을 창출한다. 그리고 팬들에게는 특정 장면의 감동을 평생 소환할 수 있는 강력한 경험의 매개가 된다.

- **세계관:** 추상적인 세계관 설정 자체도 상품이 될 수 있다. 작품의 방대한 설정이나 숨겨진 이야기를 상세히 기술한 '세계관 설정집'이나 '대본집'은 IP의 세계에 더 깊이 몰입하고 싶어 하는 팬들에게 매력적인 상품이 된다.

리번들링(Re-bundling): 새로운 '묶음'의 감각

IP 비즈니스의 핵심은 이처럼 잘게 쪼갠 재료를 새로운 방식으로 다시 묶어(Re-bundling) 가치를 창출하는 데 있다. 과거의 콘텐츠 '묶음'이 한 편의 영화나 한 시즌의 드라마처럼 고정된 형태였다면, 이제 그 묶음의 단위와 방식은 훨씬 더 유연하고 전략적으로 변하고 있다.

예를 들어, '캐릭터'라는 재료와 '패션 브랜드'라는 외부 재료를 묶으면 새로운 의류 콜라보레이션 상품이 탄생한다. '세계관 속 특정 장소'라는 재료와 '여행 상품'을 묶으면 팬들을 위한 테마 투어가 만들어진다. '음악'이라는 재료와 '오케스트라'를 묶으면 특별한 콘서트 경험이 기획될 수 있다.

이처럼 IP 내부의 개별 요소가 가진 잠재력을 식별하고, 이를 시장의 수요와 연결하여 새로운 가치의 '묶음'으로 만들어내는 감각이야말로 콘텐츠 기업이 갖춰야 할 핵심적인 역량이다.

액체 미디어 시대의 콘텐츠는 언제나 새로운 방식으로 재구성되고 재조합 될 수 있다. 콘텐츠를 완결된 하나의 형식으로 보지 않고 다양한 재조합으로 경험할 수 있는 재료의 묶음으로 이해하고, 이를 전략적으로 재구성해서 활용할 수 있어야 한다. 그래야 가장 매력있는 콘텐츠의 핵심 요소를 발굴하고 이를 상품화할 수 있다.

콘텐츠 안에 담긴 다양한 재료를 새로운 묶음으로 상품화할 수 있는 감각, 이를 통해 팬덤의 경험을 심화하고 IP에 대한 관심과 관여를 높일 수 있는 전략이 IP 비즈니스 전개에 꼭 필요하다.

17

'토템'으로서의 IP:
팬덤의 정체성을 담는 상징

앞서 우리는 성공적인 IP 비즈니스는 콘텐츠를 다양한 '재료'로 쪼개고 재구성하는 능력에 달려있다고 이야기했다. 그렇다면 그 많은 재료 중 가장 강력한 힘을 가진 것은 무엇일까? 그것은 바로 팬덤 전체의 정체성과 경험을 하나의 이미지로 응축하는 '상징'이다. 필자는 이러한 상징적 재료를 현대 사회의 '토템(Totem)'이라고 부르고자 한다.

토템은 단순한 로고나 캐릭터를 넘어, 특정 팬덤의 소속감을 확인하고, 자부심을 드러내며, 복잡한 감정과 경험을 한눈에 전달하는 상징물과도 같다. 모든 IP가 위대한 토템을 가질 수는 없지만, 강력한 토템을 가진 IP는 비즈니스 확장에서 그 무엇과도 바꿀 수 없는 강력한 무기를 손에 쥐게 된다.

우리는 왜 부족을 만드는가: 구별과 차이의 욕망

인간은 사회적 동물이며, 본능적으로 어딘가에 소속되고 싶어 하는 욕망을 가진다. 팬덤은 이러한 인간의 본능이 현대 대중문화 속에서 발현된 가장 대표적인 형태다.

팬덤 활동의 주요한 요소 중 하나는 바로 '구별'이다. 내가 특정 스포츠팀의 유니폼을 입고, 특정 아이돌의 응원봉을 흔드는 순간, 나는 '우리'라는 집단에 소속됨과 동시에 '그들'과는 다른 존재임을 명확히 선언하게 된다. 과거 K-POP 팬덤이 각기 다른 색깔의 풍선으로 자신들의 영역을 표시했던 것처럼, 팬덤은 자신들만의 상징을 통해 결속을 다지고 집단적 정체성을 구축한다.

팬덤은 현대 사회의 새로운 '부족'과도 같다. 그리고 모든 부족에는 그들을 하나로 묶어주는 토템이 필요하듯, 팬덤 역시 자신들의 정체성을 담아낼 강력한 상징이 필요하다. 때로는 특정 색깔일 수도, 혹은 IP 세계관 속의 특정 아이템일 수도 있다. 중요한 것은 해당 상징이 '우리'를 가장 잘 나타내준다고, 팬덤 스스로가 인정하고 받아들이는 것이다.

내 경험과 정체성을 응축하는 상징으로서의 굿즈

IP의 세계에서 토템은 무엇인가? 그것은 IP를 구성하는 수많은 재료 중, 팬덤의 집단적인 경험과 감정이 강력하게 응축되어 전체 IP를 대표하는 상징적 요소를 의미한다. 특정한 IP의 경험을 '기념'하는 물건이 굿즈라면, 팬덤의 '정체성'을 담아내는 핵심적인 상징물은 해당 IP의 '토템'이라고 할 수 있다.

예를 들어, "나는 곰 부족 사람이다"라고 말하는 것만으로 그 사람이 어떤 신화를 믿고 어떤 문화를 공유하는지 알 수 있듯이, 팬덤에게 토템은 복잡한 설명이 필요 없는 강력한 자기표현의 수단이다. 내가 특정 IP의 토템 아이템을 몸에 지니는 것은, "나는 이 세계관을 이해하고, 이 경험을 공유하며, 이 가치를 지지하는 사람이다"라는 선언과도 같다. 이처럼 팬들이 자신의 정체성을 쉽고 강력하게 드러낼 수 있게 해주는 요소야말로, 굿즈로 상품화되기에 가장 이상적인 재료다.

당신의 IP에는 프라이팬이 있는가?

앞서 〈배틀그라운드〉의 '프라이팬' 사례를 이야기했다. 배틀그라운드는 수많은 총기와 장비, 광활한 맵을 가진 복잡한 게임이지만, 이 모든 것을 제치고 IP를 상징하는 가장 강력한 아이콘은 어이없게도 평범한 프라이팬이었다. 게임 초기에 총알을 막아주는 의외의 기능으로 주목받기 시작한 프라이팬은, 유저들의 수많은 '밈(Meme)'과 유머러스한 플레이 영상을 통해 점차 배틀그라운드만의 독특한 정체성을 담은 토템으로 자리 잡았다.

이제 우리는 모든 IP 기획자와 마케터에게 질문을 던져야 한다. "당신의 IP에는 어떤 프라이팬이 있는가?" "우리 IP의 세계관 속에서, 팬들이 열광하고, 이야기하고, 가지고 놀며, 마침내 자신들의 상징으로 삼을 만한 독특하고 매력적인 요소가 존재하는가?".

이러한 상징적 아이템은 의도적으로 설계될 수도 있지만, 대부분은 배틀그라운드의 프라이팬처럼 팬덤의 자발적인 놀이 과정 속에서 '발견'된다. 중요한 것은 이러한 잠재적 토템을 발견했을 때 그 가치를 알아보고, 적극적으로 IP의 중심으로 끌어올리는 기업의 전략적 안목이다.

토템을 발굴하고 성장시키는 법

정리해보자. 우리는 어떻게 IP의 토템을 발굴하고 성장시킬 수 있을까?

첫 번째 단계인 '발굴'부터 살펴보자. 일단 팬덤 커뮤니티를 세심하게 관찰하는 것에서부터 시작된다. 팬들이 어떤 캐릭터에 유독 열광하는지, 어떤 아이템을 활용해 밈을 만드는지, 어떤 대사를 반복해서 사용하는지를 주의 깊게 살펴보아야 한다. 팬들의 자발적인 2차 창작과 대화 속에 미래의 토템이 될 씨앗이 숨어있다.

두 번째 단계는 발굴한 씨앗을 공식적으로 '인정'하고 '성장'시키는 것이다. 팬덤 사이에서 특정 요소가 인기를 얻기 시작했다면, 기업은 이를 공식적인 콘텐츠나 마케팅에 적극적으로 활용해야 한다. 만약 팬들이 프라이팬을 사랑한다면, 프라이팬을 활용한 새로운 게임 모드를 만들고, 다양한 프라이팬 스킨을 출시하며, 프라이팬 모양의 굿즈를 제작하는 식이다. 이는 팬들의 창발적인 활동을 기업이 공식적으로 인정하고 IP의 역사에 편입시키는 과정이다.

이 과정을 통해 팬들의 자발적인 놀이는 공식적인 IP의 일부가 되고, IP의 상징적 요소는 더욱 강력한 힘을 가진 토템으로 진화한다. 결국 토템은 기업이 만드는 것이 아니라, 팬덤이 발견하고 기업이 키워내는 공동의 창조물이다.

18

캐릭터는 어떻게 페르소나를 얻는가

과거의 캐릭터는 정적인 상징이었다. 미쉐린 타이어 옆에 서 있는 비벤덤이나 KFC 매장 앞의 샌더스 할아버지처럼, 그들은 주어진 자리에서 묵묵히 브랜드의 얼굴 역할을 수행할 뿐, 우리에게 말을 걸거나 자신의 일상을 공유하지는 않았다.

하지만 오늘날 우리가 열광하는 캐릭터는 다르다. 그들은 소셜 미디어에서 우리와 소통하고, 유행하는 챌린지에 참여하며, 때로는 명품 브랜드의 앰버서더가 되기도 한다. 이처럼 단순한 디자인을 넘어 고유의 성격과 목소리를 가진 살아있는 인격체, 즉 '페르소나(Persona)'를 획득하는 것이 지금의 캐릭터 IP 비즈니스의 핵심이다.

그렇다면 캐릭터는 어떻게 페르소나를 얻게 되는 걸까? 변화의 배경에는 세 가지 중요한 동력이 작용한다.

소통하는 존재로서의 캐릭터

첫 번째 동력은 우리의 커뮤니케이션 방식 자체의 변화다. 디지털 네이티브 세대에게 캐릭터는 더 이상 멀리서 바라보는 대상이 아니라, 일상의 소통에 직접 참여하는 매개체다.

한국에서 카카오프렌즈가 국민적인 사랑을 받을 수 있었던 이유는 이들이 우리의 가장 사적인 대화 공간인 카카오

톡 안으로 깊숙이 들어왔기 때문이다. 우리는 라이언과 어피치를 통해 내 감정을 대신 표현하고 친구와 농담을 주고받는다. 이 과정에서 캐릭터는 멀리 있는 그림이 아니라, 내 일상에 들어와 나의 희로애락을 함께하는 친밀한 존재가 된다. 이처럼 팬들은 매일의 '소통' 속에서 자신만의 서사와 인격을 자연스럽게 캐릭터에게 부여하게 된다.

소셜 미디어는 페르소나 형성을 한층 더 가속화한다. 오늘날 성공적인 캐릭터들은 대부분 자신만의 인스타그램이나 유튜브 채널을 가지고 있다. 그들은 현실의 인플루언서처럼 자신의 일상을 전시하고, 팬들의 댓글에 반응하며, 다른 셀럽과 교류하는 모습을 보여준다. 이러한 활동은 캐릭터가 자신만의 의지와 목소리를 가진 독립적인 존재라는 인식을 강화한다. 과거의 캐릭터는 정해진 이야기 속에서만 존재했다면, 이제는 소셜 미디어라는 무대 위에서 실시간으로 자신의 서사를 직접 써 내려가는 '가상의 셀럽'이 요즘 캐릭터의 진화된 모습이다.

팬덤의 참여를 통해 진화하는 캐릭터의 페르소나

두 번째 동력은 팬덤의 자발적인 참여와 재해석이다. 이는

IP 홀더(소유주)가 의도하든 그렇지 않던 아래로부터 만들어지는 자발적인 생명력 획득 과정이다. 팬은 원작의 설정을 자신들만의 문화적 맥락 속에서 새롭게 읽어내고, 때로는 원작의 의도와 전혀 다른 매력을 발견하며 캐릭터에게 새로운 정체성을 부여한다.

잊혀졌던 캐릭터였다 다시 부활한 '양파쿵야'의 사례가 대표적이다. 2000년대 초반 게임 〈야채부락리〉의 캐릭터였던 양파쿵야는 '맑은 눈의 광인'이라는 인터넷 밈(Meme)을 통해 Z세대에게 재발견되었다. 순수한 표정으로 할 말은 다 하는 당돌한 모습이 현대 직장인의 애환과 맞물리며 폭발적인 공감을 얻었고, 팬들은 자발적으로 관련 콘텐츠를 생산하며 '양파쿵야'만의 독특한 페르소나를 구축했다. IP 홀더인 넷마블은 이러한 팬덤의 움직임을 적극적으로 수용해, '맑눈광' 페르소나를 공식적으로 인정하고, 인스타그램 계정을 개설하여 팬들과 소통했다. 그리고 팝업스토어를 통해 캐릭터의 인기를 현실 세계로 확장했다.

팬덤 주도의 페르소나 재창조는 잊혀진 IP뿐만이 아니라, 기존 프랜차이즈의 판도를 바꾸기도 한다. 수십 년간 산리오(Sanrio)의 대명사는 헬로키티였지만, 지금 10대와 20대 사이에서 가장 큰 사랑을 받는 캐릭터는 '쿠로미'다. Z세대 팬덤이 쿠로미를 자신들의 고스룩과 같은 하위문화 코드와 결합하여 재해석하고, 틱톡이나 인스타그램을 통해 그 이미지를 적극적으로 공유해 '힙한 반항아'라는 새로운 페르소나를 만들어냈다. 이처럼 팬덤의 자발적인 참여는 잠자고 있던 IP를 깨우거나, 기존의 조연 캐릭터를 시대의 아이콘으로 격상시키는 강력한 힘을 발휘한다.

서사의 축적을 통해 성장하는 페르소나

세 번째 동력은 지속적인 서사의 축적이다. 캐릭터에게 단발성 이야기가 아닌 연속적이고 일관된 경험을 제공함으로써, 팬들이 캐릭터의 성장 과정에 동참할 수 있게 하는 전략이다. 이 과정을 통해 캐릭터는 더 이상 단순한 설정 값이 아니라, 서사의 흐름 속에서 고뇌하고 성장하는 하나의 인격체가 된다.

대표적으로 '마블 시네마틱 유니버스(MCU)'에서 성장한 캐릭터를 사례로 들 수 있다. MCU는 수많은 영화와 드라마를 통해 각 캐릭터의 과거와 현재, 그리고 미래를 입체적으로 조명하며 그들에게 깊이 있는 페르소나를 부여했다. 이 중에서도 초기의 단순한 악역이었던 '로키(Loki)'가 팬들의 폭발적인 호응에 힘입어, 수년에 걸쳐 고뇌하는 안티히어로이자 복합적인 내면을 가진 존재로 성장한 것은 흥미로운 사례다. 영화 속에서 부여된 캐릭터의 역할과 배우의 매력, 팬들의 호응이 결합되어 핵심적인 서사들이 축적되고, 이는 결국 '로키'의 단독 드라마 제작으로 이어졌다.

이러한 시도는 게임 업계에서도 찾아볼 수 있다. 엔씨소프트가 자사의 게임 〈블레이드 앤 소울〉의 인기 캐릭터인 '묵화마녀 진서연'을 주인공으로 뮤지컬을 제작한 사례가 대표적이다. 매력적인 캐릭터의 서사를 개별 콘텐츠를 통해 더 구체화하고, 이를 팬들이 확장된 형식으로 경험하도록 한 시도다. 세계관의 확장은 팬들에게 캐릭터의 삶에 '참여'할 수 있는 더 넓은 무대를 제공한다. 그 과정에서 캐릭터의 페르소나는 더욱 단단히 구축된다.

캐릭터, 현실 속의 얼굴이 되다

강력한 페르소나를 가진 캐릭터는 자신이 태어난 세계관을 넘어 현실 세계의 인플루언서로 활동하며 영향력을 확장한다. 최근 기업의 브랜드 마스코트들이 이러한 전략을 통해 큰 성공을 거두고 있다.

롯데홈쇼핑의 '벨리곰(Bellygom)'은 처음에는 사내벤처 프로그램의 결과물이었다. 일반인을 대상으로 한 몰래카메라 유튜브 콘텐츠를 통해 인지도를 쌓기 시작했다. 귀여운 외모와 엉뚱한 행동으로 시민을 놀라게 하고 위로하는 모습은 '사람들을 즐겁게 해주고 싶다'는 벨리곰의 페르소나를 강화했다. 이후 잠실 석촌호수에 거대한 공공 조형물로 설치되면서 수십만 명의 발길을 모았고, 이제는 기업 마스코트를 넘어 다양한 브랜드와 협업하고 해외까지 진출하는 독립적인 셀러브리티로 자리매김했다.

하이트진로의 '두꺼비' 캐릭터 역시 브랜드 리뉴얼의 성공 사례로 꼽힌다. 과거의 낡은 이미지를 벗고 귀여운 페르소나를 입은 두꺼비는 '어른이문방구'를 표방한 팝업스토어의 폭발적인 성공을 이끌며 중장년층에게는 향수를, 젊은 세대에게는 새로운 재미를 선사했다. 이처럼 브랜드 캐릭터는 잘 만들어진 페르소나를 통해 세대를 아우르는 소통의 매개체가 될 수 있다.

페르소나 시대의 캐릭터 IP

결국 성공적인 캐릭터 IP들의 핵심에는 사람들의 마음을 움직이는 '페르소나'가 있다. 대중은 이들 가상의 존재와 기꺼이 관계를 맺고, 그들의 서사에 공감하며, 지지할 준비를 한다. 캐릭터 IP의 승패는 얼마나 매력적이고 진정성 있는 디지털 페르소나를 창조하고, 팬들과 함께 페르소나를 성장시켜 나갈 수 있느냐에 달려있다.

캐릭터는 더 이상 그려진 그림이 아니라, 우리와 함께 시대를 살아가는 또 하나의 인격체로 진화하고 있다. 이제는 단순히 예쁘고 귀여운 디자인만으로는 충분하지가 않다. 소통의 매개체로서 기능하고, 팬덤의 참여를 이끌어내며, 지속적인 서사를 통해 성장하는 살아있는 페르소나로 태어나야 한다.

19

휴먼 IP와 캐릭터 IP

IP 비즈니스의 원칙과 전략을 논의할 때, 우리는 종종 이론과 현실 사이의 복잡한 경계에 서게 된다. 특히 콘텐츠 산업의 범위를 규정하거나 정책을 수립할 때, '콘텐츠 IP의 범위를 어디까지로 볼 것인가'라는 질문은 언제나 핵심적인 쟁점이 된다.

최근 콘텐츠 산업에서 가장 주목받는 변화 중 하나는 K-POP 아이돌, 유명 크리에이터, 인플루언서 등 실존 인물을 중심으로 한 '휴먼 IP' 시장의 급성장이다. 이들은 전통적인 캐릭터나 스토리 기반의 IP와는 다른 방식으로 팬덤을 형성하고 상업적 가치를 창출한다. 동시에 "과연 이것이 콘텐츠 IP인가?"라는 근본적인 질문도 던진다.

이 장에서는 휴먼 IP와 캐릭터 IP의 사례를 통해, 무엇이 콘텐츠 IP가 될 수 있는지 논의해보고자 한다.

휴먼 IP는 콘텐츠 IP인가?

휴먼 IP가 콘텐츠 IP에 포함되지 '않는다'라고 말하기는 어렵다. K-POP 아이돌 산업은 명백히 콘텐츠 산업의 중요한 일부이며, 그들의 활동을 기반으로 한 앨범, 굿즈, 공연 등은 캐릭터 IP의 비즈니스 모델과 매우 유사한 방식으로 작동

한다. 실제로 많은 기획사가 자신들의 아티스트를 '셀러브리티 IP'라는 용어로 설명하며, 핵심 자산으로 관리한다.

하지만 문제는 휴먼 IP의 경계가 너무나 광범위하고 모호하다는 데 있다. 넓게 해석하면, 광고 모델로 활동하는 배우나 수많은 마이크로 인플루언서까지 포함될 수 있다. 이렇게 되면 콘텐츠 산업 통계의 범위를 넘어서는 사실상 광고 시장 전체를 다루는 것과 마찬가지가 되어버린다. 따라서 휴먼 IP를 콘텐츠 IP의 틀 안에서 논의하기 위한 합리적인 분류 기준이 필요하다. 그 기준은 무엇이 되어야 할까?

법적 권리 구조의 차이점

휴먼 IP의 경계가 모호한 근본적인 이유 중 하나는 '법적 권리'의 성격이 캐릭터 IP와 다르기 때문이다. 이야기나 캐릭터는 저작권과 상표권이라는 명확한 법적 체계 안에서 보호받고 거래된다. 하지만 사람의 정체성, 즉 이름이나 초상은 전통적인 저작물로 보기가 어렵다.

인간의 정체성이 갖는 상업적 가치를 보호하기 위한 권리가 바로 '퍼블리시티권(Right of Publicity)'이다. 하지만 이 권리는 한국에서 오랫동안 명문 법으로 규정되지 않아 법적 지위가 다소 불안정했다. 최근에서야 '부정경쟁방지법'이 개정되면서, 널리 알려진 인물의 초상이나 성명을 무단으로 사용하여 경제적 이익을 얻는 행위를 부정 경쟁 행위의 일종으로 보고 제재할 수 있게 되었다. 이로써 휴먼 IP도 '법적으로 보호받을 수 있는 여지'가 생겼지만, 여전히 저작권이나 상표권처럼 그 권리의 범위와 내용이 명확하게 정의되어 있지는 않다.

법적 모호함은 휴먼 IP를 콘텐츠 IP의 틀 안에서 다루기 어렵게 만드는 요인 중 하나다. 권리의 명확성이 부족할수록 거래와 계약 관계가 복잡해지고, 산업 통계나 정책 수립에서도 일관된 기준 적용이 어렵다.

분류의 기준점: '콘텐츠화'가 되었는가?

이 문제를 해결하기 위한 현실적인 기준점은 바로 '콘텐츠화'의 여부다. 즉, 특정 인물이 단순히 유명한 것을 넘어, 그의 정체성과 활동이 지속적인 '콘텐츠'의 형태로 기획되고 관리되며, 팬덤과 상호작용하는 하나의 비즈니스로 구축되었는지를 따져보는 것이다. 이 기준을 적용하면, 모든 유명인을 IP로 볼 필요가 없다. 콘텐츠 산업의 논리에 따라 움직이는 특정 휴먼 IP만을 선별하여 논의의 대상으로 삼을 수 있다.

- **콘텐츠화된 휴먼 IP:** 앨범, 콘서트, 자체 제작 웹 예능, 팬 플랫폼 소통 등 모든 활동이 하나의 유기적인 콘텐츠 세계관 안에서 관리되는 K-POP 아이돌이 대표적이다. 또한, 유튜브 채널 〈흔한남매〉처럼, 실존 인물이지만 그들의 모든 공적 페르소나가 채널의 캐릭터와 콘텐츠를 중심으로 구축된 경우도 여기에 해당한다.
- **콘텐츠화되지 않은 휴먼 IP:** 특정 상품의 광고 모델로 일회성 계약을 맺는 배우나, 자신의 일상을 공유하지만 그것이 체계적인 콘텐츠 비즈니스로 연결되지 않는 대부분의 인플루언서는 이 범주에서 제외될 수 있다.

이러한 구분의 핵심은 해당 인물의 IP가 '권리화'되어, 콘텐츠 제작 및 유통 계약 안에 명확하게 반영되고, 이를 기반으로 지속적인 '거래'가 발생하는지 여부다.

가상의 셀러브리티: 캐릭터 IP와 휴먼 IP의 유사성

흥미로운 점은 '콘텐츠화'라는 기준을 통해 들여다보면,

잘 관리되는 휴먼 IP와 캐릭터 IP의 비즈니스 방식이 놀라울 정도로 닮아가고 있다는 사실이다. 캐릭터 산업에서 캐릭터를 관리하고 성장시키는 방식은 매니지먼트 업계에서 소속 배우나 아이돌을 관리하는 방식과 본질적으로 같다.

'잔망루피' 같은 캐릭터 IP는 소셜 미디어를 통해 팬들과 소통하고 브랜드와 협업하며 마치 살아있는 '가상의 셀럽'처럼 활동한다. 반대로, K-POP 아이돌과 같은 휴먼 IP는 정교하게 구축된 세계관과 서사를 부여받고, 그들의 이미지는 굿즈와 캐릭터 상품으로 만들어지며, 마치 '현실의 캐릭터'처럼 소비된다. 이처럼 두 영역은 서로의 전략을 흡수하며 경계를 허물고 있다. 중요한 것은 더 이상 '실제 인물'인지 '가상 캐릭터'인지가 아니라, 얼마나 매력적이고 일관된 페르소나를 구축하여 팬들에게 지속적인 경험을 제공할 수 있느냐다.

결론적으로 얘기해 휴먼 IP는 '콘텐츠화'라는 조건을 충족할 때 콘텐츠 IP의 중요한 일부로 포함될 수 있다. 법적으로는 여전히 모호한 지점이 있지만, 산업적으로는 이미 캐릭터 IP와 휴먼 IP가 '페르소나 비즈니스'라는 큰 틀 안에서 융합되고 있다.

앞으로는 이 경계가 점점 더 흐려질 것이 분명하다. 특히 가상 인플루언서나 AI 기반 캐릭터의 등장으로 휴먼 IP와 캐릭터 IP의 구분은 더욱 의미가 없어질 수 있다. 중요한 것은

IP의 구분보다, 팬덤의 마음을 사로잡는 강력한 페르소나를 구축하고 그 경험을 관리하는 능력을 얼마나 정교화해 나가느냐이다.

20

체험 중심 IP 확장의
어려움과 해법

콘텐츠 IP 확장의 성공 공식이 잘 들어맞지 않는 까다로운 영역이 존재한다. 바로 '체험 중심의 게임 IP'의 확장이다.

많은 게임 IP들이 매력적인 캐릭터나 스토리보다는 플레이어가 직접 경험하는 '체험' 그 자체를 핵심 가치로 여긴다. 〈배틀그라운드〉, 〈테트리스〉, 〈마인크래프트〉 같은 게임들이 대표적이다. 이들은 명확한 주인공이나 서사 구조 없이도 전 세계 수억 명의 플레이어를 사로잡았다. 하지만 영화나 드라마 같은 다른 매체로의 확장에는 종종 어려움을 겪는다.

이 장에서는 체험 중심 게임 IP가 직면한 확장의 딜레마와 이를 해결하기 위한 새로운 접근법을 제시하고자 한다.

체험 중심 IP 확장의 어려움

"스토리와 캐릭터가 없는 IP를 어떻게 확장할 수 있을까?" 오늘날 많은 게임 회사들이 공통으로 마주하고 있는 핵심 질문이다.

이 질문에 대한 필자의 솔직한 답변은 "성공 사례가 별로 없다"는 것이다. 체험 중심의 게임 IP를 성공적으로 다른 매체로 확장한 경우는 극히 드물다. 그 이유는 명확하다. 영화나 드라마, 소설과 같은 서사 매체는 기본적으로 잘 짜인 이야기와 입체적인 캐릭터를 재료로 삼는다. 하지만 체험 중심의 게임에는 당장 가져다 쓸 수 있는 선명한 서사나 감정 이입할 만한 캐릭터가 부재하다.

이처럼 원재료 자체가 다른 상황에서 기존의 IP 확장 공식을 그대로 적용하려는 시도는 실패로 이어지기 쉽다. 그렇다면 많은 게임 회사들이 택했던 방법은 무엇일까? 바로 IP에 없었던 '서사'를 새롭게 만들어 붙이는 것이다. 하지만 이 전략 역시 종종 함정에 빠지곤 했다.

팬 경험과 동떨어진 세계관 시도의 한계

체험 중심 게임 IP 확장에서 가장 흔히 나타나는 실패 유형은 팬들의 실제 경험과 동떨어진 '무겁고 진지한 세계관'을 위에서 아래로 주입하려는 시도다.

〈배틀그라운드〉의 초기 세계관 확장 프로젝트였던 '펍지 유니버스'가 좋은 예다. 유명 배우를 기용하고 높은 완성도의 단편 영화를 제작하는 등 많은 공을 들였지만, 어둡고 장엄한 서사는 유저들이 게임을 플레이하며 느끼는 실제 경험과는 거리가 있었다.

유저들이 기억하는 배틀그라운드의 경험은 예측 불가능

한 상황에서 살아남는 긴장감, 친구들과 함께하는 유쾌한 혼돈, 그리고 어이없는 죽음에서 오는 허탈한 웃음 같은 것이었다. 그런데 갑자기 진지한 세계관을 제시하면, 팬들은 그것을 자신들의 경험과 연결하지 못하고 거부감을 느낀다.

더 큰 문제는 거대한 세계관을 구축하는 데에는 막대한 비용과 시간이 들기 때문에, 한번 실패하면 그 방향을 되돌리기가 매우 어렵다는 점이다. '작은 테스트를 통한 학습'의 원칙과 정반대되는, 매우 리스크가 큰 전략이다.

유저와 팬덤은 다르다

이러한 엇갈림은 왜 발생하는 걸까? 근본적인 원인은 게임 IP가 가진 독특한 어려움, 즉 수백만 명의 '유저(User)'와 진정한 '팬덤(Fandom)'을 구분하기 어렵기 때문이다.

한 게임의 동시 접속자 수가 100만 명이라고 해서, 그 100만 명이 모두 IP의 확장을 지지하는 충성도 높은 팬덤은 아니다. 그중 상당수는 게임 자체를 즐기는 일반 유저에 불과하다. 문제는 기업 입장에서 이 둘을 데이터만으로 가려내기가 매우 어렵다는 것이다. 누가 진정한 팬심을 가지고 있는지, 그들이 원하는 확장된 경험은 무엇인지를 파악하기가 힘들다.

이런 상황에서, 기업은 결국 소수의 기획자가 상상한 '그 럴듯한' 서사를 일방적으로 제시하는 손쉬운 길을 택하게 된다. 하지만 내부 기획자들이 생각하는 '멋진 세계관'과 실제 팬들이 게임에서 얻는 재미 사이에는 큰 간극이 존재한다. 그 결과는 종종 팬덤의 실제 욕구와 동떨어진, 실패한 세계관으로 귀결된다.

하나의 해법: 팬과 함께 만드는 가벼운 IP 확장

그렇다면 해법은 무엇인가? 정답은 없지만, 거대하고 무거운 서사를 무리하게 구축하기에 앞서, 가볍고 유연한 시도를 통해 팬들의 마음속에 숨겨진 'IP의 조각'을 발굴하는 것이다.

이를 위해서는 팬들의 '실제 경험'에 집중해야 한다. 장엄한 전쟁 서사보다, 수많은 유저들이 공감하며 웃을 수 있는 '어이없이 죽어본 경험'이나 게임 속에서 벌어지는 소소하고 유머러스한 순간을 콘텐츠의 소재로 삼는 것이다. 인터넷에 넘쳐나는 유저들의 매드 무비나 재미있는 플레이 영상 속에 팬들이 사랑하는 진짜 서사가 담겼을 수 있다.

다음으로 '가벼운 시도'를 통해 팬들의 반응을 테스트해야 한다. 예를 들어, 만우절 같은 이벤트는 IP의 새로운 확장의 가능성을 팬들에게 보여주고 피드백을 받을 수 있는 좋은 기회가 된다. 2014년 구글맵에서 진행된 만우절 미니게임 이벤트의 흥행을 계기로 실제 IP 콜라보가 실현된 인기 증강현실 게임 〈포켓몬GO〉가 대표적인 사례다.

이벤트, 소셜 미디어 챌린지, 단편 밈 영상 등 저비용으로 할 수 있는 여러 다양한 테스트를 통해 팬들이 무엇에 반응하는지 끊임없이 확인해야 한다. 그리고 거기서 발견된 성공적인 요소—캐릭터, 아이템, 유머 코드—를 다시 본 게임의 업데이트에 반영하거나 새로운 콘텐츠의 핵심 재료로 삼는 '선순환 구조'를 만들어야 한다.

무엇보다 IP를 완성된 설계도처럼 강요하는 것이 아니라, 팬들과 함께 놀며 그들이 사랑하는 조각들을 하나씩 발견하고 함께 쌓아나가는 것. 이것이야말로 체험 중심 IP를 성공적으로 확장해가는 가장 지혜로운 길이다.

결국 체험 중심 게임 IP의 성공적 확장을 위해선 기존의 하향식 세계관 구축이 아닌, 팬들의 실제 경험에서 출발하는 상향식 접근을 시도할 필요가 있다. 이는 더 많은 시간과 인내를 요구하지만, 더 오랜 기간 팬들의 사랑을 얻을 수 있는 효과적인 방법이 된다.

21

스몰 IP는 어떻게 성장하는가:
린 스타트업 전략

우리가 IP 비즈니스를 이야기할 때, 마블의 시네마틱 유니버스나 〈포켓몬스터〉와 같은 거대한 '슈퍼 IP'의 성공 사례는 언제나 경탄의 대상이 된다. 하지만 모두가 마블이나 디즈니가 될 수는 없다. 막대한 자본과 글로벌 유통망을 동원하여 처음부터 블록버스터급 IP를 기획하는 전략은, 소수의 거대 기업에만 가능한 선택지다.

그렇다면 자본과 자원이 부족한 대다수의 콘텐츠 기업과 창작자들은 IP 시대를 어떻게 헤쳐나가야 할까? 해답은 발상의 전환에 있다. 거대한 성공을 꿈꾸기보다, 작지만 단단한 성공에서부터 시작하는 것이다. 이 장에서는 '스몰 IP'라는 가능성의 씨앗에 주목하고, 그것을 스타트업의 '린 스타트업(Lean Startup)' 방법론처럼 영리하게 키워나가는 전략에 대해 이야기해보고자 한다.

슈퍼 IP 전략의 리스크와 한계

본격적인 논의에 앞서, 슈퍼 IP 전략의 한계를 명확히 할 필요가 있다.

첫째, 슈퍼 IP 전략은 감당하기 어려운 '재무적 리스크'를 동반한다. 최근 한국 드라마 한 편의 제작비가 600억 원을 넘어서는 사례에서 볼 수 있듯, 대형 프로젝트에 투입되는 자본의 규모는 상상을 초월한다. 거대 자본을 회수하기 위해서는 글로벌 시장에서의 압도적인 성공이 전제되어야 하며, 단 한 번의 실패는 기업의 존속을 위협할 수 있다.

둘째, 엔터테인먼트 산업의 본질적인 '불확실성'이다. 아무리 막대한 자본과 최고의 스타, 화려한 마케팅을 동원해도 대중의 마음을 얻지 못하면 금방 사라진다. 영화 〈승리호〉는 초기부터 거대한 유니버스를 꿈꾸며 기획된 프로젝트였지만 기대만큼의 성과를 거두지 못했다. 이처럼 성공을 예측할 수 없는 시장에서 모든 것을 건 '올인(All-in)' 전략은 매우 위험하다.

마지막으로, 슈퍼 IP 전략은 산업 생태계의 '양극화'를 심화시킨다. 소수의 대형 사업자만이 슈퍼 IP 게임에 참여할 수 있는 구조는 산업의 허리를 담당하는 수많은 중소 제작사들을 소외시키고 그들의 성장 기회를 박탈한다. 산업 전체의 건강성과 다양성을 위해서는 작은 플레이어들도 참여하고 성장할 수 있는 대안적인 경로가 반드시 필요하다.

작게 시작하여 크게 키운다: '스몰 IP'의 개념과 특징

'스몰 IP'는 슈퍼 IP의 반대 개념이 아니라, 현명한 시작점이 될 수 있는 가능성이다. 스몰 IP는 초기 인지도가 낮거나 투입 자본 규모가 작더라도, 내재된 잠재력을 바탕으로 팬덤과 상호작용하며 점진적인 성장을 도모할 수 있는 콘텐츠 IP다. 블록버스터가 아니라, 정성껏 가꾸고 키워나갈 때 비로소 풍성한 열매를 맺는 '가능성의 씨앗'이다.

스몰 IP 전략은 몇 가지 중요한 특징을 가진다. 첫째, '기획의 차별성'이다. 대규모 자본의 압박에서 비교적 자유로워서 보다 참신하고 도전적인 소재, 특정 타겟 집단을 깊이 파고드는 서사, 독창적인 세계관 등 새로운 시도가 가능하다. 둘째, '팬덤 구축에 대한 집중'이다. 불특정 다수를 노리기보다, 명확한 타겟 시청자층을 설정하고 이들과의 긴밀한 상호작용을 통해 작지만 충성도 높은 초기 팬덤을 형성하는 데 집중한다. 이 코어 팬덤이 바로 IP 확장의 가장 중요한 동력이 된다. 셋째, '점진적인 확장과 유연한 사업 전략'이다. 초기 콘텐츠의 성공 여부와 시장 반응을 학습한 뒤, 후속 시즌, 스핀오프, 상품화 등 다음 단계의 사업을 유연하게 추진하며 리스크를 관리한다.

작은 시도로 핵심 가설을 검증하라

스몰 IP의 성장 방식은 실리콘밸리의 스타트업들이 따르는 '린 스타트업' 방법론과 놀라울 정도로 닮아있다. 린 스타트업의 핵심은 '최소 기능 제품(Minimum Viable Product, MVP)'을 만들어 시장에 빠르게 선보이는 것이다. 완벽한 제품을 만들기 위해 오랜 시간과 막대한 자원을 쏟아붓는 대신, 핵심적인 가설을 검증할 수 있는 최소한의 기능만 갖춘 제품으로 실제 고객의 반응을 살피고, 그 피드백을 바탕으로 제품을 개선하며 성공 확률을 높여가는 전략이다.

콘텐츠 IP에도 이 방법론을 적용할 수 있다. 짧은 웹드라마 시리즈, 몇 개의 이모티콘, 단편 애니메이션 등은 우리 IP의 핵심적인 매력을 검증하기 위한 '최소 기능 콘텐츠'가 될 수 있다. 이 작은 시도를 통해 우리는 진짜 팬들이 IP의 어떤 부분에 열광하는지, 어떤 캐릭터를 사랑하는지, 그리고 다음에는 어떤 이야기를 보고 싶어 하는지 귀중한 데이터를 얻을 수 있다. 이는 막연한 감에 의존하는 방식이 아니라, 시장의 피드백을 통해 '학습하고 반복하며 성장하는' 영리한 방식이다.

단계적 성장의 성공 사례

스몰 IP 성장 모델은 이미 여러 사례를 통해 증명되고 있다. 웹드라마 제작사 와이낫미디어는 〈청담국제고등학교〉 같은 작품을 특정 OTT 플랫폼으로 먼저 선보이며 글로벌 시장의 반응을 테스트했다. 그리고 이를 바탕으로 시즌2 제작을 결정하고, 동시에 다른 플랫폼을 겨냥한 스핀오프 숏폼 드라마를 제작하는 등, IP를 단계적으로 유연하게 확장해 나가는 전략을 취했다.

글로벌 슈퍼 IP로 성장한 핑크퐁의 〈아기상어〉도 시작은 영유아 교육용 동요라는 '스몰 IP'였다. 핑크퐁 컴퍼니는 수백 개의 콘텐츠 중 '아기상어 댄스' 영상이 폭발적인 바이럴 가능성을 보이자, 모든 자원을 그곳에 집중하여 수많은 버전의 연계 콘텐츠를 만들고 캐릭터 인지도를 극대화했다. 그리고 그 힘을 바탕으로 완구, 도서, 공연, 글로벌 기업과의 협업 등 전방위적인 라이선스 사업을 전개했다. 이는 성공 가능성이 보이는 MVP를 발견했을 때, 그것을 놓치지 않고 모든 역량을 집중하여 '스케일업'하는 린 스타트업 전략의 완벽한 교본이다.

한국 콘텐츠 산업의 미래를 소수의 슈퍼 IP에만 의존할 수는 없다. 끊임없이 새로운 이야기를 만들어내고, 다양한 방식으로 팬들과 소통하며, 작지만 단단한 성공을 쌓아나가는 수많은 '스몰 IP'들이 건강하게 성장할 수 있는 토양을 만드는 것. 그것이 바로 우리 콘텐츠 산업 생태계를 더욱 풍성하고 역동적으로 만드는 길이다.

22

수익 모델 탐구:
가치는 연결에서 나온다

강력한 팬덤과 풍성한 경험을 축적한 IP는 그 자체로 막대한 가치를 지닌 무형 자산이다. 하지만 비즈니스로 실현될 때 비로소 의미를 갖게 된다. IP를 성공적으로 키우는 것만큼이나 중요한 것은 '어디서, 어떻게 수익을 창출할 것인가'에 대한 명확한 전략을 갖추는 것이다.

디지털 시대의 많은 기업들은 더 나은 콘텐츠를 만드는 데 자원을 집중하는 이른바 '콘텐츠 트랩'에 빠지곤 한다. 하버드 경영대학원의 바랫 아난드 교수는 그의 저서 『콘텐츠의 미래(The Content Trap)』에서, 디지털 환경에서의 성공은 콘텐츠의 질적 우월성이 아닌 '연결'을 창출하고 강화하는 능력에 달려있다고 말했다. 이 관점에서 콘텐츠는 최종 판매재가 아니라, 사용자를 서로 연결하고, 사용자를 콘텐츠 생산자와 연결하는 강력한 매개체로 작동한다.

따라서 성공적인 IP 수익 모델은 IP가 창출한 연결의 힘을 어떻게 활용하고 확장할 것인지에 대한 전략적 포트폴리오에 가깝다. 이런 관점에서 IP의 가치 창출 모델을 세 가지 핵심 단계로 나누어 살펴볼 필요가 있다.

콘텐츠 자체 판매: 연결의 형성

모든 연결은 팬과 IP의 첫 만남, 즉 콘텐츠 소비에서 시작된다. 이는 가장 기본적인 수익 모델인 동시에, IP 생태계 구축을 위한 필수적인 첫 단계다.

- **영상 분야:** 극장 티켓 판매, OTT 플랫폼의 구독료, 혹은 VOD 단 건 구매 등이 여기에 해당한다. 팬들은 이야기를 경험하기 위해 직접적인 비용을 지불한다.
- **스토리 분야:** 웹툰이나 웹소설의 유료 회차 결제, 단행본 출판을 통한 판매가 대표적이다.
- **음악 분야:** 음원 스트리밍 및 다운로드 수익, 그리고 팬덤의 충성도를 가장 잘 보여주는 실물 앨범 판매가 이 모델의 핵심이다.

이 단계의 직접 수익은 IP의 초기 시장성을 검증하는 지표가 되지만, 진짜 가치는 창출된 팬덤의 인지도와 충성도에 있다. 이는 후속 단계의 모든 연결 기반 수익 모델을 가동하는 핵심 자산을 의미한다.

팬덤의 주목 판매: 연결의 규모 활용

두 번째 수익 모델은 콘텐츠 자체가 아니라, 콘텐츠가 끌어모은 '팬덤의 주목'이라는 자산을 상품화하는 것이다. 이는 1장에서 설명한 전통적인 미디어의 '수용자 상품론'이 IP 단위로 진화한 형태로 연결의 규모를 수익으로 바꾸는 전략이다.

- **광고**: 높은 조회수나 시청률을 기록하는 콘텐츠는 광고주에게 매력적인 광고 매체가 된다. 유튜브 영상에 붙는 광고, TV 프로그램의 중간 광고 등이 대표적이다. 이는 팬덤의 '규모'가 클수록 유리한 모델이다.
- **PPL 및 협찬**: 콘텐츠 속에 특정 브랜드의 상품이나 로고를 자연스럽게 노출하는 PPL(Product Placement)과 제작을 지원하는 협찬 역시 팬덤의 주목을 수익으로 연결하는 방식이다. 이는 팬덤의 높은 몰입도를 활용하여 광고 효과를 극대화하려는 시도다.
- **브랜디드 콘텐츠**: 광고주가 IP의 세계관과 캐릭터를 빌려 자신들의 브랜드 스토리를 직접 콘텐츠로 만드는 것이다. 예를 들어, 자동차 회사가 인기 웹툰의 주인공을 등장시킨 단편 애니메이션을 제작해 팬들에게 자연스럽게 브랜드를 각인시킨다. 이는 팬들이 가진 IP에 대한 긍정

적 감정을 브랜드로 전이하려는 마케팅이다.

이 모델의 장점은 무료 또는 저가로 제공해 연결의 양적 확산을 유도하면서도 안정적인 수익 창출에 있다. 하지만 팬덤의 경험을 방해할 수 있는 위험도 갖고 있다. 과도한 광고나 어색한 PPL은 오히려 팬들의 반감을 사서 IP의 브랜드 가치를 훼손할 수 있으므로, 신중한 접근이 필요하다.

연결의 확장: IP자산을 활용한 가치 공동 창출

가장 고도화된 수익 모델은 IP를 하나의 독립적인 브랜드 자산으로 간주하고, 이 자산이 가진 연결의 힘을 타 산업 및 파트너와 공유하며 새로운 가치를 창출하는 것이다.

- **브랜드 콜라보레이션:** 팬덤의 주목도와 신뢰도를 활용하는 가장 대표적인 방식이다. 게임 캐릭터가 브랜드의 앰버서더가 되거나, 웹툰 캐릭터가 그려진 한정판 운동화가 출시되는 것이 대표적이다. 이는 타 브랜드가 IP와의 연결을 통해 자사 제품에 새로운 이야기와 매력을 부여하고, IP 홀더는 로열티 수익과 함께 브랜드 가치를 높이는

원원 전략이다.

- **라이선싱을 통한 타 산업 확장:** IP의 영향력을 소비재 산업 전반으로 확장하는 가장 강력한 수익 모델이다. IP 홀더는 캐릭터, 로고, 세계관 등의 사용 권한을 완구, 의류, 식품, 생활용품 등 다양한 분야의 전문 기업에 판매하고 로열티를 얻는다. 이는 직접 생산의 위험 없이 IP의 영향력을 일상 곳곳으로 침투시켜 커다란 수익을 창출함과 동시에, 팬들의 삶과 더 깊은 연결을 맺는 과정이다.
- **포맷 수출:** 주로 방송영상 산업에서 활용되는 방식으로, 핵심 콘텐츠의 다양한 변형된 형식을 만들 수 있는 권리를 판매하는 것을 말한다. 〈복면가왕〉과 같은 예능 프로그램의 경우, 프로그램의 핵심적인 아이디어와 구성, 즉 '포맷'[38] 자체를 해외 방송사에 판매한 바 있다.
- **공간 및 경험 사업:** 테마파크, 캐릭터 카페, 팝업 스토어 등

---

38 방송에서 '포맷(Format)'은 단순히 프로그램의 제목이나 출연진을 의미하는 것이 아니다. 기본 콘셉트/아이디어(예: 복면을 쓰고 노래하는 미스터리 음악 쇼)는 물론이고, 주요 규칙과 진행 방식(예: 1라운드 듀엣곡, 가면 공개, 판정단 투표 등), 세트 디자인 및 무대 연출(예: 화려한 가면과 의상, 원형 무대, 가면 부스 등), 음악 사용 방식, 편집 스타일, 캐릭터(예: 진행자, 패널, 참가자 등의 역할과 이들의 상호작용 방식), 상징적 요소(예: 복면, 가면 공개 시 외치는 문구 등) 등을 모두 포함한다. 〈복면가왕〉은 최소 50개국 이상에 포맷을 수출한 것으로 알려졌다. 이는 한국 예능 프로그램 중 단연 최다 수출 기록에 해당한다.

IP의 세계관을 현실 공간에 구현하는 사업 역시 IP 권리에 기초한 비즈니스 전략이다. 공간 사업자는 IP의 힘을 빌려 고객을 유치하고, IP 홀더는 로열티 수익과 함께 팬들에게 IP 경험의 차원을 오프라인 경험의 영역으로 확장하며 브랜드 가치를 높인다. 이 모델은 팬덤의 '충성도'가 높을수록 강력한 힘을 발휘한다.

IP 수익 모델의 본질은 연결의 생태계를 설계하는 것

결론적으로, 성공적인 IP 비즈니스는 이 세 가지 수익 모델을 IP의 성장 단계와 특성에 맞춰 유기적으로 조합하는 데서 비롯된다. 지금 우리에게 필요한 것이 무엇인지, 팬덤의 주목을 어떻게 가치로 전환할 것인지를 끊임없이 고민하며 최적의 수익 포트폴리오를 설계하는 전략적 사고가 필요하다.

성공적인 IP 비즈니스는 단일 콘텐츠의 흥행에 의존하지 않는다. 오히려 콘텐츠를 매개로 형성된 팬덤과의 연결을 핵심 자산으로 인식하고, 이 자산을 다양한 파트너와 공유·확장하며 '연결의 포트폴리오'를 구축한다.

결국 콘텐츠 IP 비즈니스 전략가에게 요구되는 것은 콘텐츠 생산자의 관점을 넘어, IP가 창출하는 연결의 가치를 이해하고, 그 힘을 어떤 파트너와 함께 증폭시켜 나갈 것인지를 설계하는 역량이다.

23

IP 비즈니스,
실패에서 무엇을 배울 것인가

지금까지 우리는 IP 비즈니스의 성공 공식에 대해 이야기했다. 하지만 IP의 세계에서 실패는 성공보다 훨씬 더 흔한 일상이다. 야심 차게 시작한 슈퍼 IP 프로젝트가 소리 소문 없이 사라지고, 모두의 기대를 모았던 속편이 팬들의 외면을 받는 일은 비일비재하다. 그렇다면 우리는 실패로부터 무엇을 배워야 하는 걸까?

실패를 단순히 피해야 할 리스크로만 볼 것이 아니라, 더 나은 전략을 위한 가장 값진 데이터로 삼는 지혜가 필요하다.

왜 슈퍼 IP 프로젝트는 자주 실패하는가

가장 아이러니한 현상 중 하나는 가장 큰 자본과 최고의 인력, 대대적인 마케팅이 투입된 이른바 '슈퍼 IP 프로젝트'들이 예상외로 자주 실패한다는 점이다. 한국 영화계에서도 거대한 세계관을 표방하며 출발했던 〈승리호〉[39]와 같은 작품

---

39 영화 〈승리호〉는 한국 최초의 본격 우주 SF 블록버스터로 제작비 약 240억 원 규모로 헐리우드 스타일의 우주 전투·CG 기술이 총동원되었다. 코로나19로 극장 개봉이 무산되면서 넷플릭스를 통해 2021년 전 세계 190여 개국 동시 공개됐다. 넷플릭스 글로벌 TOP 영화 순위 1위를 기록하기도 했지만, 팬덤이 오랫동안 붙잡을 만한 서사적 매력과 세계관 확장성은 부족했다는 평가가 많았다. 결국 '슈퍼 IP 프로젝트'로 기대했지만, 웹툰을 제외한 다른 추가적인

이 당초의 기대만큼 IP로서의 확장성을 보여주지 못했다. 왜 이런 일이 벌어지는 것일까?

첫째, 콘텐츠 산업의 본질적인 '불확실성' 때문이다. 콘텐츠의 성공은 수많은 변수가 복합적으로 작용한 결과이며, 흥행을 사전에 완벽하게 예측하는 것은 불가능에 가깝다. 그래서 업계에서는 성공이 종종 '로또'에 비유된다. 슈퍼 IP 전략은 이러한 불확실성을 감수하고 막대한 자본 투입으로 성공을 꿈꾸며 시작하기에, 본질적으로 높은 리스크를 내포한다. 하나의 거대한 프로젝트에 모든 것을 거는 방식인만큼 실패의 타격도 치명적이다.

둘째, '무거운 기획'의 함정이다. 처음부터 거대한 세계관과 복잡한 설정을 바탕으로 팬들에게 일방적으로 주입하려는 시도는 실패할 확률이 높다. 팬들이 IP에 애정을 붙이고 참여할 시간과 여지를 주지 않은 채, 너무 무겁고 완성된 세계를 들이미는 것은 오히려 거부감을 유발할 수 있다. 〈배틀그라운드〉를 기반으로 제작되었던 단편 영화[40]가 초기 세계관 확장 시도에 실패하고, 팬들에게 깊은 인상을 남기지 못했

확장으로 이어지진 못했다.
40 〈그라운드 제로〉라는 작품으로 약 8분짜리 영화다. 배우 마동석이 교도관 역할로 주연을 맡았다. 스타 파워를 이용해 글로벌 팬들의 주목을 받았지만, 이후의 세계관 확장 시도로 이어지지는 못했다.

던 이유도 게임의 체험적 재미와 동떨어진 무거운 서사를 갑작스럽게 제시했기 때문이다.

경험의 배신: 원천 경험을 훼손했을 때

IP 확장이 실패하는 가장 흔하고 치명적인 원인은 바로 '원천 경험의 배신'이다. 모든 IP에는 팬이 그것을 처음 사랑하게 된 고유한 경험, 즉 '원천 경험'이 존재한다. IP의 확장은 이 경험을 존중하고 심화시키는 과정이어야만 한다. 하지만 이를 무시하고 제작자의 편의나 다른 매체의 문법을 강요하게 되면 팬들은 배신감을 느끼고 가차 없이 등을 돌린다.

과거 수많은 게임 원작 영화들이 처참하게 실패했던 역사가 이를 잘 증명한다. 게임을 해본 적도 없는 감독들이 원작의 서사만 얄팍하게 가져와 자신의 영화적 문법으로 콘텐츠를 만들었을 때 그 결과물은 게임의 핵심적인 '체험'을 완전히 거세한 괴작이 되기 일쑤였다. 팬들이 원하는 것은 이야기의 요약이 아니라, 게임을 플레이하며 느꼈던 특유의 쾌감과 몰입감의 재현이다. 원천 경험을 이해하지 못하는 확장은 IP의 정체성을 훼손하고 가장 소중한 자산인 코어 팬덤의 신뢰를 무너뜨리는 행위가 된다.

팬덤의 외면: 소통 없는 일방적 확장의 한계

또 다른 실패의 원인은 '소통의 부재'에서 온다. 현대의 팬덤은 더 이상 기업이 만들어주는 것을 수동적으로 소비하기만 하는 존재가 아니다. 스스로를 IP의 중요한 이해관계자이자 공동 생산자로 여긴다. 그럼에도 불구하고 많은 기업들이 팬덤의 목소리를 무시한 채, 일방적으로 IP 확장 전략을 밀어 붙이다가 예상치 못한 반발에 직면한다.

게임 〈리니지〉의 사례는 이를 잘 보여준다. 리니지는 게임 개발사 입장에서 재무적으로는 오랫동안 엄청난 성공을 거둔 IP지만, 비즈니스 모델과 운영 방식으로 많은 유저들이 불만을 가져왔다. 결국 '자랑스러운 IP'로서의 문화적 가치가 상당 부분 훼손되었다.

팬덤과의 소통을 통해 그들의 부정적인 경험을 관리하고 개선하려는 노력이 부족할 때, IP는 돈은 벌지만 팬들의 마음은 잃어버리는 상황에 처할 수 있다. 팬덤의 지지를 잃은 IP는 장기적으로 생명력을 유지하기가 어렵다.

작은 테스트를 통한 학습의 중요성

예측 불가능하고 위험이 큰 IP 비즈니스에서 우리는 어떻게 해야 할까? 해답은 실패를 피하는 것이 아니라, '실패를 관리하는' 데 있다. 즉, 한 번의 치명적인 실패를 막기 위해, 수많은 '작은 실패'를 장려하고 거기에서 배우는 문화를 만들어야 한다.

이는 앞서 논의한 '린 스타트업' 전략과 맞닿아 있다. 거대한 프로젝트에 모든 것을 걸기 전에, 작은 테스트를 통해 시장의 반응을 끊임없이 확인하고 웹툰 몇 편, 단편 애니메이션, 캐릭터 이모티콘 등 최소한의 자원으로 팬들의 반응을 살피고, 성공의 가능성이 보이는 씨앗을 발견했을 때 비로소 자원을 집중하는 것이다.

핑크퐁의 〈아기상어〉 신화는 이러한 전략의 위대함을 보여준다. 핑크퐁의 성공은 처음부터 홈런을 노리고 시작한 것은 아니다. 이미 수백 개의 동요 영상이라는 '작은 테스트'를 시장에 선보인 상태에서 그중 유독 '아기상어'가 폭발적인 반응을 얻자, 회사의 모든 역량을 그곳에 쏟아 슈퍼 IP로 키워냈다. 이는 수백 번의 작은 실패를 감수할 수 있었기에 단 한 번의 거대한 성공을 거둘 수 있었음을 의미한다.

결론적으로, IP 비즈니스의 성공은 완벽한 예측과 통제에 있지 않다. 오히려 수많은 불확실성을 인정하고, 작은 시도를 통해 끊임없이 배우며, 팬덤과 함께 정답을 찾아가는 유연한 과정에 있다. 실패를 두려워하지 않고 그것을 학습의 기회로 삼는 '실패를 허용하는 문화'를 갖춘 기업만이, 예측 불가능한 IP의 세계에서 살아남아 지속적인 성공을 만들어낼 수 있다.

5부

지속 가능한 IP 생태계

24

한국형 IP 생태계의
과제와 가능성

지금까지 IP의 개념과 가치, 그리고 성장 전략에 대해 보편적인 원칙을 중심으로 살펴보았다. 하지만 IP 생태계는 각 나라의 산업 구조와 문화적 특성에 따라 각기 다른 모습으로 진화한다. 우리가 몸담고 있는 '한국형 IP 생태계'는 과연 어떤 길을 걸어왔으며, 지금 어떤 기회와 과제에 직면하고 있을까?

이 장에서는 한국 콘텐츠 IP 산업의 발전과정을 되짚어보고, 글로벌 경쟁이라는 거대한 파도 속에서 'K-콘텐츠의 힘'을 진정한 'K-IP 자산'으로 전환하기 위해 무엇을 해야 하는지 탐색해보고자 한다.

한국 콘텐츠 IP 산업의 변화 과정

불과 10여 년 전만 해도, 한국 콘텐츠 산업에서 '콘텐츠 IP'라는 단어는 극히 일부 영역에서만 사용되던 생소한 개념이었다. 그 역사를 되짚어보면, 각 산업 분야가 서로 다른 시점과 계기를 통해 IP의 중요성을 깨닫는 과정이 뚜렷하게 나타난다.

- **게임, 아직은 산업 내부의 용어 (~2015년)**: 2015년 이전까지

IP라는 용어는 사실상 게임 업계의 전유물이었다. 〈리니지〉, 〈메이플스토리〉 등 10년, 20년 넘게 이어지는 '라이브 서비스'를 비즈니스 모델의 근간으로 삼았던 게임 산업은 자연스럽게 하나의 콘텐츠를 장기적으로 관리하고 확장하는 IP의 개념에 익숙했다. PC 버전을 모바일로 이식하고, 기존 캐릭터를 활용해 새로운 게임을 만드는 과정이 이미 IP 전략의 일부였다.

- **애니메이션과 K-POP의 자각 (2016년~)**: 2016년을 기점으로 IP라는 단어는 다른 영역으로 확산하기 시작했다. 도화선은 중국 시장이었다. 당시 중국의 거대 자본이 한국의 애니메이션과 캐릭터를 구매하기 위해 몰려들며 "당신의 IP를 사고 싶다"고 말하기 시작했다. 이를 계기로 국내 애니메이션/캐릭터 업계는 자신의 창작물이 'IP'라는 이름의 거래 가능한 자산임을 인식하기 시작했다. 비슷한 시기, K-POP 기획사들 역시 글로벌 팬덤을 기반으로 한 굿즈, 공연 등 다각화된 사업 모델을 설명하기 위해 '아티스트 IP'라는 개념을 전략적으로 도입하기 시작했다.

- **방송, OTT 시대가 가져온 변화 (2021년~)**: 방송 영상 분야는 IP 개념을 가장 늦게 받아들인 영역이다. 전통적으로 '편성'과 '시청률' 중심의 비즈니스에 익숙했던 방송사는 작

품을 일회성 콘텐츠로 소비하는 관행이 강했다. 하지만 〈오징어 게임〉의 전 세계적인 성공과 IP 권리가 모두 넷플릭스에 귀속되어있다는 사실이 알려지면서, 산업계 전체가 거대한 충격과 함께 IP의 중요성을 절감했다. 이는 방송 산업이 제작 중심에서 IP 자산에 기반을 둔 비즈니스로 변화해야 한다는 인식이 퍼지는 결정적인 계기가 되었다.

글로벌 시장이 열리며 본격화된 IP 시대

한국에서 IP의 중요성이 뒤늦게, 그러나 폭발적으로 부상한 가장 근본적인 이유는 바로 '시장의 글로벌화' 때문이었다. 과거 한국의 콘텐츠 시장은 5천만 내수를 중심으로 움직였다. 이 정도 규모의 시장에서는 막대한 광고비를 투입하면 대중의 인식을 바꾸고 새로운 브랜드를 론칭하는 것이 어느 정도 가능했다. 굳이 하나의 IP를 수십 년간 공들여 키워나갈 필요성을 느끼지 못했다.

하지만 미국이나 중국처럼 거대한 시장은 규칙이 달랐다. 그곳에서 새로운 브랜드 하나를 전국적으로 알리는 데에는 천문학적인 비용이 든다. 따라서 처음부터 새로운 것을 만들기보다, 이미 대중에게 알려진 강력한 IP의 힘을 빌려 리스크를 줄이는 전략을 선호했다.

하지만 K-콘텐츠가 글로벌 시장으로 나아가게 되면서, 우리 기업들 역시 거대 시장의 규칙에 적응해야만 했다. 더 이상 국내 시장의 논리로는 통하지 않았다. 글로벌 팬덤에게 한두 번의 노출로 각인되기는 불가능하며, 그들의 마음속에 오랫동안 자리 잡을 수 있는 강력하고 지속적인 IP 파워가 필요했다. 생존과 성장을 위해 IP가 전략의 중심에 설 수밖에 없게 되었다.

K-콘텐츠의 힘, K-IP로 이어질 수 있을까

이제 한국 콘텐츠 산업은 중대한 질문 앞에 서 있다. 우리는 전 세계를 매료시키는 'K-콘텐츠'를 만드는 데 성공했다. 그렇다면 이 일시적인 콘텐츠의 힘을, 지속 가능한 자산인 'K-IP'로 온전히 전환할 수 있을까?

훌륭한 콘텐츠를 만드는 '제작 역량'과 그 결과물의 가치를 지키고 키워나가는 'IP 매니지먼트 역량'은 전혀 다른 차원의 문제다. 〈오징어 게임〉의 사례는 우리의 강점과 동시에 약점을 드러냈다. 세계적인 작품을 만들 수 있는 창의력과 제작 기술을 가졌지만, 그 권리를 지키고 비즈니스를 주도하는 협상과 전략의 측면에서는 아직 보완할 점이 많다는 것을 확인시켜주었다.

이제는 단순히 잘 만드는 제작 기지에 머무르지 않고, IP의 진정한 주인이 되기 위한 체계적인 비즈니스 역량과 생태계 구축이 시급한 과제로 떠올랐다.

우리가 가진 기회와 강점은 무엇인가

이러한 과제 속에서, 한국형 IP 생태계가 가진 강점과 기회 요인을 살펴보면 다음과 같다.

첫째, '역동적이고 참여적인 팬덤 문화'다. 한국의 팬덤은 단순히 콘텐츠를 수동적으로 소비하는 데 그치지 않고, IP의 성장에 직접 기여하려는 능동적 주체로 기능한다. 때로는 홍보, 마케팅, 매니지먼트 등 산업의 역할 일부를 자발적으로 대신하며, IP의 가시성을 높이고, 콘텐츠를 자신만의 방식으로 해석하고 의미를 부여하며 세계관을 더욱 풍성하게 만든다. K팝 팬덤에서 시작된 이러한 문화는 이제 다양한 콘텐츠 영역으로 확산되며 IP와 팬 사이에 깊은 유대감을 형성하고, 자발적인 참여와 확산을 이끌어내는 강력한 동력으로 작용한다.

둘째, 세계적 수준으로 축적된 창작 역량과 생태계다. K-콘텐츠의 성공은 단순히 몇몇 창작자의 재능에 기댄 것이 아니라, 창작자들의 질적 도약, 성숙한 국내 시장, 자본의 유입, 기술의 발전이 한데 어우러진 '문화와 산업 생태계의 유기적 성장'의 결과다.

한국의 콘텐츠 산업은 드라마, 영화, 음악, 웹툰 등 다양한 분야에서 수십 년간 꾸준히 창의적 인재를 양성하고 제작 노하우를 쌓아왔다. 그 결과, 밀도 높은 스토리와 뛰어난 연출력을 바탕으로 글로벌 시장에서 높은 완성도를 인정받고 있다.

콘텐츠 산업의 전 영역에서 경쟁력을 갖춘 나라는 그리 많지 않다. 콘텐츠의 확장이란 측면에서 한국이 경쟁력을 가질 수 있는 이유도 여기에 있다. 다만, 아직 우리는 다양한 콘텐츠 분야 상호 간의 협력의 경험을 많이 축적하지는 못했다. IP 비즈니스의 확장 경험도 아직 음악과 일부 애니메이션, 캐릭터 산업에 한정되어 있다. 여러 주체가 하나의 IP의 성공을 위해 힘을 모아 협력한 경험도 많지 않다. 개별 콘텐츠 분야에서의 경쟁력을 종합적인 IP 생태계 경쟁력으로 이어갈 수 있는 노력이 필요한 상황이다.

한국형 IP 생태계의 미래는 IP 가치의 핵심인 팬덤 문화를 콘텐츠 확장과 긴밀히 연결하는 역량에 달려 있다. 팬덤과 함께 만들어 온 참여의 문화를 토대로 높은 수준의 콘텐츠 창작의 기반을 'IP 매니지먼트'의 전략으로 엮어낼 수 있을 때, K-콘텐츠의 성공이 지속가능한 K-IP 산업의 성장으로 이어질 수 있다.

25

IP 가치의 방정식:
규모 × 강도 × 시간

IP가 비즈니스의 중요한 자산이라는 점에 모두가 동의하지만, 그 가치를 어떻게 측정하고 평가할 것인가의 문제로 넘어가면 이야기는 복잡해진다. IP의 가치는 주식이나 부동산처럼 명확한 숫자로 떨어지지 않는 무형의 자산이기 때문이다.

　그렇다고 해서 IP 가치를 구성하는 요소를 파악하는 것 자체가 불가능한 것은 아니다. 필자는 IP의 잠재적 가치를 가늠하는 방법으로 '규모(Size)' '강도(Intensity)' 그리고 '지속 시간(Duration)'이라는 세 가지 변수의 곱이라는 방식을 제안하고자 한다. 이 세 가지 요소를 통해, 우리는 IP의 현재 상태를 진단하고 미래 가치를 키우기 위한 전략을 보다 체계적으로 수립할 수 있다.

첫 번째 변수: 팬덤의 '규모'

　첫 번째 변수는 '규모'다. 이는 해당 IP를 알고 긍정적인 감정을 가진 사람의 숫자를 의미하며, IP의 대중적 인지도와 팬덤의 크기를 포괄한다. 당연하게도 더 많은 사람이 알고 좋아할수록 IP의 가치는 커진다.

　2012년 대한민국을 휩쓸었던 모바일 게임 〈애니팡〉의 사례는 '규모'의 힘을 극명하게 보여준다. 퍼즐 게임 자체의 독창성이나 캐릭터의 매력도 물론 중요했지만, 애니팡 성공의 핵심 동력은 단연코 '카카오톡'이라는 플랫폼을 통한 압도적인 이용자 규모의 확보였다. 당시 스마트폰을 가진 국민이라면 대부분 사용하던 카카오톡과 연계되어, 게임을 하지 않던 중장년층까지 흡수하며 '하트'를 주고받는 국민적인 신드롬을 만들어냈다.

애니팡 유저들은 깊이 있는 세계관에 몰입하거나 고가의 아이템을 구매하는 '강도' 높은 팬덤을 갖고 있진 않았다. 하지만 남녀노소를 가리지 않는 거대한 이용자 규모 자체가 큰 힘이 되었다. 팬덤의 '강도'는 낮더라도, 압도적인 '규모'만으로도 IP가 큰 파급력과 상업적 성공을 거둘 수 있음을 증명한 사례였다. 이처럼 넓은 인지도는 새로운 기회와 비즈니스 모델을 창출하는 강력한 기반이 된다.

마케팅 전략을 수립할 때, 우리는 팬덤의 규모를 넓히는 단계인지, 아니면 이미 형성된 팬덤의 강도를 높이는 단계인지를 명확히 구분할 필요가 있다. 넓지만 약한 팬덤은 대중적 인지도가 필요한 광고나 제휴 사업에 유리하다. 반대로 좁지만 강한 팬덤은 고가의 상품 판매나 특정 타겟을 공략하는 데 더 효과적이다.

두 번째 변수: 팬덤의 '강도'

두 번째 변수는 '강도'다. 이는 팬들이 해당 IP를 얼마나 강렬하게 좋아하고, 애정을 표현하기 위해 얼마나 많은 시간과 에너지, 그리고 돈을 쏟아부을 의향이 있는지를 나타내는 척도다. 흔히 말하는 '덕심'의 깊이와 같다. 팬덤의 강도는 굿즈 구매, 2차 창작 활동, 커뮤니티 참여율, 유료 이벤트 참석률 등 다양한 방식으로 측정될 수 있다. 게임의 경우, 하루에 몇 시간을 플레이하고 얼마를 과금하는지가 강도를 보여주는 중요한 지표가 된다.

팬덤의 강도가 높다는 것은 IP에 대한 충성도가 매우 높다는 의미이며, 이는 비즈니스에서 강력한 무기가 된다. 앞서 논의한 '놀동(놀이노동)'이란 개념처럼, 강도가 높은 팬덤은 자발적으로 IP를 홍보하고, 새로운 콘텐츠를 창작하며, 커뮤니티를 활성화하는 등 무보수로 헌신한다. '기여의 욕망'을 실현하며 IP의 성장을 자신의 기쁨으로 여기기 때문이다.

비즈니스 관점에서 팬덤의 강도를 높이는 활동이란 더 깊이 몰입할 수 있는 경험을 팬들에게 제공하고 기여에 대한 그들의 만족감을 높여주는 모든 활동을 말한다.

작지만 강한 팬덤을 가진 IP는 특정 타겟을 정밀하게 공략하는 '니치 마켓'에서 큰 힘을 발휘하고, IP의 가격 정책이나 사업 방향에 비교적 덜 민감하게 반응하며 꾸준한 지지를 보내는 경향이 있다.

세 번째 변수: 팬덤의 '지속 시간'

세 번째 변수는 '지속 시간'이다. 이는 한 명의 팬이 얼마나 오랫동안 IP의 팬으로 남아 있는가를 의미하는, IP의 생명력과 직결된 개념이다. 아무리 규모가 크고 강도가 높은 팬덤이라도, 1~2년 만에 모두가 떠나버린다면 IP는 장기적인 자산이 될 수 없다. 필자가 IP 비즈니스에서 가장 중요한 가치로 '수명 연장'을 꼽는 이유가 바로 여기에 있다.

디즈니의 〈라이온 킹〉이나 닌텐도의 〈포켓몬스터〉가 수십 년간 막대한 가치를 창출할 수 있었던 이유는 어린 시절의 팬들이 성인이 되어서도 여전히 IP를 소비하며 다음 세대에게까지 경험을 물려주기 때문이다. 즉 팬덤의 지속 시간이 매우 길다. 2004년에 처음 등장한 〈뽀롱뽀롱 뽀로로〉를 보고 자란 세대가 20대가 되어 '잔망루피'에 열광하는 현상은 20년이라는 지속 시간이 어떻게 새로운 비즈니스 기회를 창출하는지를 명확히 보여준다.

이처럼 지속 시간은 IP가 단기적인 유행을 넘어 시대를 관통하는 문화적 자산이 될 수 있는지를 결정하는 가장 중요한 요소다. 지속 시간을 늘리기 위해서는 끊임없이 새로운 콘텐츠를 공급하며 팬들이 떠나지 않도록 관계를 유지하고, 시대의 변화에 맞춰 IP를 재해석하며 새로운 세대의 팬들을 유입시키는 노력을 해야 한다.

콘텐츠 IP의 가치는 '규모' '강도' '지속 시간'이라는 세 변수가 더해져서 만들어지는 것이 아니라 서로 곱해져서 나온다고 보는 게 보다 적절하다. 그런데 왜 곱셈일까? 이 중 하나라도 0에 가까우면 전체 가치가 순식간에 무너질 수 있기 때문이다.

성공적인 IP 전략이란, 이 세 가지 요소를 균형 있게 진단하고 관리하는 것에서부터 출발한다. 지금 내 IP에게 가장 필요한 건 무엇일까? 팬덤의 크기를 늘려야 할 시점인가, 아니면 기존 팬들과의 유대감을 더 단단하게 만들어야 할 때인가? 그리고 이 사람들과 10년, 20년이 지나도 여전히 함께하려면 어떤 준비를 해야 하는 걸까?

개별적인 요소를 실제 측정해서 명확한 시장의 가치를 파악하기 위해선 더욱 정교한 접근이 필요하다. 그럼에도 이러한 가치의 구성 요소를 식별하고, 각 요소에 대한 질문들에 하나씩 답을 찾아가는 여정 자체는 IP의 가치를 확인하고 성장시키기 위해 꼭 필요한 과정이다.

26

**팬덤의 지형학:
세대, 국가별 차이 읽기의 전략**

앞서 팬덤을 IP 가치를 창출하는 핵심 동력이라고 여러 차례 강조했다. 하지만 성공적인 글로벌 비즈니스를 위해서는 '팬덤'이라는 단어를 단일하고 균일한 집단으로 여겨서는 안 된다. 팬덤은 우리가 생각하는 것보다 훨씬 복잡하고 다층적인 지형과 같다. 그 안에는 각기 다른 '원천 경험'을 가진 세대가 있고, 자신만의 고유한 문화적 특성이 있는 국가 간 차이가 존재하며, 예측하기 어려운 취향의 흐름이 있다. IP 비즈니스를 잘 하기 위해서는 이러한 팬덤의 복잡한 지형을 읽어내는 전략이 필요하다.

세대별 원천 경험의 지층

사람의 정체성과 취향이 형성되는 데 가장 큰 영향을 미치는 시기는 유년기와 청소년기다. 이 시기에 어떤 콘텐츠를 보고, 듣고, 즐겼는지는 한 사람의 평생에 걸친 '원천 경험'의 토대가 된다. 이는 곧, 출생 연도에 따라 각 세대가 함께 공유하는 집단적인 원천 경험의 지층이 존재함을 의미한다. IP 마케터에게는 이러한 '세대별 콘텐츠 경험'에 대한 감각이 필요하다. 그래서 특정 세대의 마음을 움직이기 위해서는, 그들이 어떤 미디어 환경에서 어떤 IP와 함께 성장했는지를 이해하는 것이 중요하다.

예를 들어, 2000년대 초반에 유년기를 보낸 세대에게는 〈올림푸스 가디언〉, 〈메이플스토리〉 그리고 〈뽀롱뽀롱 뽀로로〉가 집단적 기억을 형성하는 중요한 IP이다. 실제로 2020년대에 들어 '잔망루피' 밈이 폭발적인 인기를 끈 것을 보게 되면, 2004년에 뽀로로를 보던 네댓 살 아이들이 20대가 되어 자신들의 추억을 새로운 방식으로 소환하기 시작한 시점과 정확히 일치한다. 이는 IP의 흥망성쇠가 약 20년의 세대 주기가 존재할 수 있음을 보여주는 사례이기도 하다.

다만, 이러한 세대별 경험의 지도를 그리는 작업은 단순히 특정 시기의 유행 콘텐츠를 나열하는 방식으로는 부족하다. 한국의 대중문화사는 미국, 일본, 홍콩 등 다양한 외부 문화와의 끊임없는 상호작용과 혼종의 역사이기 때문이다. 따라서 각 세대의 원천 경험은 여러 문화가 겹쳐진 복합적인 지층으로 이해해야 한다.

예를 들어, 1980년대에 유년기를 보낸 세대의 원천 경험에는 〈독수리 5형제〉와 같은 일본 애니메이션, 〈영웅본색〉으로 대표되는 홍콩 영화, 그리고 조용필의 음악이 공존한다. 2000년대 초반에 성장한 세대에게는 〈뽀롱뽀롱 뽀로로〉와 〈메이플스토리〉가 강력한 국내 IP로 자리 잡는 동시에, 인터넷을 통해 더 넓은 범위의 해외 콘텐츠를 접한 경험이 중첩

되어 있다.

이처럼 각 세대가 어떤 미디어 환경에서 어떤 국내외 IP와 관계를 맺으며 성장했는지를 입체적으로 분석하는 것은, 잠재적 '레거시 IP'의 부활 가능성을 가늠하고 각 세대에게 효과적으로 말을 거는 방식의 단초를 제공한다.

국가별 팬덤 문화의 차이: 긱, 오타쿠, 그리고 덕후

글로벌 시장을 목표로 할 때, 우리는 팬덤 문화가 국가별로 매우 다른 양상을 띤다는 사실을 인지해야 한다. 같은 IP를 좋아하더라도, 애정을 표현하고 커뮤니티를 형성하는 방식은 각 사회의 문화적 배경에 따라 달라진다.

- 미국, '긱(Geek)': 미국의 팬덤 문화는 종종 '긱'으로 표현된다. 이들은 마블이나 DC 코믹스 팬덤처럼, 방대한 세계관에 대한 백과사전적 지식을 쌓고, 설정의 허점을 파고들며, 온라인에서 다른 팬들과 끝없이 토론하고 논쟁하는 것을 즐긴다. 이들에게 팬 활동은 지적인 탐구와 분석의 과정이다.
- 일본, '오타쿠(Otaku)': 일본의 '오타쿠' 문화는 깊이 있는

수집과 개인적인 몰입을 특징으로 한다. 이들은 자신이 좋아하는 분야의 전문가가 되어 희귀한 굿즈를 수집하고, 작품의 모든 디테일을 파고들며, 자신만의 세계 안에서 IP와의 일체감을 느끼는 것을 중요하게 생각한다.

- **한국, '덕후'**: 한국의 '덕후' 문화가 가진 가장 큰 특징은 참여와 소통을 통한 관계 지향성'이다. 한국 팬들은 자신이 좋아하는 대상의 성공에 직접 기여하고(음반 공동구매, 스트리밍 총공[41] 등), 강력한 커뮤니티를 형성하여 집단적으로 행동하며, 플랫폼을 통해 스타와 직접 소통하며 친밀한 관계를 맺고 싶어 하는 욕구가 매우 강하다.

이처럼 국가별 팬덤 문화의 차이를 이해하는 것은 글로벌 마케팅 전략의 핵심이다. 예를 들어, 미국 팬덤에게는 깊이 있는 세계관 정보를, 일본 팬덤에게는 정교한 한정판 굿즈를, 한국 팬덤에게는 아티스트와의 직접적인 소통 창구를 제공하는 방식을 생각해볼 수 있다.

---

[41] 여러 팬들이 특정 시간대에 특정 곡을 스트리밍하는 것을 말한다. '총공'은 '총 공격'이라는 뜻이다.

지역에 따라 사랑받는 콘텐츠는 다르다

때로는 IP의 성공이 전 세계적인 현상이 아니라, 특정 국가나 지역에서 유독 폭발적으로 나타나는 경우도 있다. 이는 글로벌 전략을 세울 때 매우 중요한 시사점을 준다.

일본의 특촬물 〈초신성 플래시맨〉[42]은 자국에서는 큰 인기를 끌지 못했지만, 유독 한국의 어린이들에게 선풍적인 사랑을 받으며 한 시대의 아이콘이 되었다. 그 애정은 수십 년이 지나, 2018년 어느 한국인 수집가가 일본 경매에 나온 '레드 플래시'의 실제 촬영 의상을 약 1,600만 원에 낙찰받는 사건으로 이어지기도 했다. 또 다른 로봇 애니메이션 〈볼테스 V〉[43]는 필리핀에서 국민적인 인기를 누린 끝에, 수십 년

---

[42] 〈초신성 플래시맨〉은 1986년 일본의 토에이에서 제작된 슈퍼 전대 시리즈의 열 번째 작품으로, 다섯 명의 지구인이 외계 행성에서 성장한 후 지구로 귀환해 악의 조직 '메스'와 맞서 싸우는 이야기를 다루는 작품이다. 일본 내에서는 시청률과 상품 판매 면에서 전작들에 비해 두드러지지 않아 큰 성공을 거두지는 못했다. 그러나 한국에서는 1989년 비디오물로 수입되어 어린이들 사이에서 선풍적인 인기를 끌었다.

[43] 〈볼테스 V〉는 1977년에 방영된 일본의 로봇 애니메이션으로 외계 제국 '보아잔'과의 전쟁을 배경으로 드라마틱한 스토리와 가족, 저항, 정의라는 테마를 강조했다. 일본에서는 당시 유행하던 슈퍼로봇물 중 하나로 평가되며 중간 정도의 인기를 얻었지만, 필리핀에서는 1978년 방영과 함께 국민적인 사랑을 받는 작품이 되었다.

이 지난 지금 직접 실사 드라마로 리메이크되기도 했다.

  이 사례들은 모든 IP가 전 세계 모든 사람에게 사랑받을 필요는 없다는 중요한 교훈을 보여준다. 때로는 특정 국가의 문화적, 사회적 맥락과 절묘하게 맞아떨어지며 예상치 못한 '컬트적인' 성공을 거둘 수 있다. 글로벌 마케터의 역할은 이러한 '지역적 특수성'을 발견하고, 왜 이 IP가 이곳에서 유독 사랑받는지를 분석하여 그 시장에 맞는 집중적인 전략을 펼치는 것이다.

데이터 기반의 팬덤 분석의 필요성

  복잡한 팬덤의 지형을 정확히 읽어내기 위해 필수적인 도구는 바로 '데이터'다.

  최근에는 이런 분석을 돕는 전문적인 서비스들이 등장하고 있다. 음악 스타트업 스페이스오디티가 운영하는 '케이팝 레이더(K-Pop Radar)'는 아티스트별 SNS 팔로워 증감, 유튜브 조회수 추이 등 팬덤의 규모와 활동성을 객관적인 데이터로 시각화하여 제공한다. 또한, 한국국제문화교류진흥원(KOFICE)의 'AI 기반 한류 빅데이터 대시보드'는 유튜브, 레딧, IMDb 등 글로벌 플랫폼의 데이터를 실시간으로 수집·분석하여 K-콘텐츠에 대한 권역별 반응, 연관 키워드, 긍·부정 여론 등 심층적인 정보를 제공한다.

    이런 도구와 데이터를 활용하면, 팬덤을 보다 체계적으로 이해할 수 있다. '누가, 어디서, 왜, 그리고 어떻게' 우리 IP를 사랑하는지를 깊이 있게 분석하는 역량이 향상될 때, 정교한 글로벌 팬덤 전략의 전개 역시 가능하다.

27

좋은 파트너를
만나는 법

아무리 뛰어난 IP라도 홀로 성장하는 데에는 한계가 있다. IP의 잠재력은 그것이 얼마나 유능하고 헌신적인 파트너들과 연결되느냐에 따라 결정된다. 심지어 디즈니와 같은 거대 제국조차 모든 것을 직접 하지 않으며, 수많은 파트너와의 협력을 통해 자신의 세계를 확장하고 유지한다.

따라서 IP 비즈니스의 본질은 '협력'이며, 그 성패는 '좋은 파트너'를 만나는 능력에 달려있다고 해도 과언이 아니다. 이 장에서는 IP 생태계를 구성하는 다양한 파트너의 종류와 역할을 살펴보고, 성공적인 파트너십을 구축하기 위한 핵심적인 조건을 탐색하고자 한다.

IP 생태계의 세 주체: 라이선서, 라이선시, 에이전트

전통적으로 IP 생태계는 '라이선싱(Licensing)'이라는 비즈니스 모델을 중심으로 움직여왔다. 이 생태계는 크게 세 종류의 행위자로 구성된다.

- 라이선서(Licensor): IP의 권리를 보유한 주체다. 창작자 본인이거나, 그 권리를 양도받은 기업이 될 수 있다. 이들은 IP의 정체성을 관리하고, 어떤 파트너에게 어떤 권

리를 어느 범위까지 허락할지 결정하는 생태계의 출발점이다.

- **라이선시(Licensee)**: IP의 권리를 빌려 사업을 하는 주체다. 예를 들어, 장난감 회사가 캐릭터 IP의 라이선스를 받아 굿즈를 생산하거나, 의류 브랜드가 IP 로고를 활용해 한정판 티셔츠를 만드는 경우가 여기에 해당한다. 훌륭한 라이선시는 단순히 권리를 빌려 쓰는 것을 넘어, 자신의 전문성을 통해 IP의 가치를 한 단계 끌어올리는 중요한 파트너 역할을 한다. 대표적인 사례로 '포켓몬 빵'을 들 수 있다. SPC삼립이 포켓몬스터 IP의 라이선스를 받아 출시한 '포켓몬빵'은 동봉된 '띠부씰'이라는 수집 요소를 통해 폭발적인 호응을 얻었다. 과거 1998년 한 차례 유행했다가 2022년 부활하여 재출시된 포켓몬빵은 어린 시절 포켓몬 스티커를 모았던 2030세대의 향수를 자극하며 전국적인 수집 열풍을 일으켰다. 이는 포켓몬스터 IP가 세대를 넘어 강력한 문화적 영향력을 가지고 있음을 증명하고 IP의 가치를 재조명하는 결정적인 계기가 되었다.

- **라이선싱 에이전트(Licensing Agent)**: 라이선서와 라이선시를 연결하는 전문적인 중개자다. 이들은 잠재력 있는 IP를 발굴하여 적합한 사업 파트너를 찾아주고, 복잡한 계

약 과정을 조율하며, 파트너십이 원활하게 유지되도록 관리하는 역할을 한다. 국내에서는 서울머천다이징컴퍼니(SMC)가 대표적이다. SMC는 '미피' 같은 클래식 캐릭터 IP의 국내 에이전트로서, 각 캐릭터가 가진 고유의 감성과 스토리를 한국 시장의 트렌드와 결합하는 데 탁월한 역량을 보여준 바 있다. 이들은 출판, 전시, 패션, F&B 등 다양한 분야의 라이선시를 발굴하고, IP의 정체성을 훼손하지 않는 선에서 다각적인 사업을 전개해 한국의 젊은 세대에게도 사랑받는 브랜드로 자리매김하는 데 결정적인 역할을 했다.

최고의 경험을 함께 만들 동료: 창제작 파트너

IP의 가치는 결국 팬들에게 제공하는 '경험의 질'에서 나온다. 따라서 최고의 콘텐츠 경험을 만들어내기 위해, IP 홀더는 분야별 최고의 전문가들과 '창제작(창작과 제작) 파트너십'을 구축해야 한다.

예를 들어, 한국의 웹툰 IP인 〈나 혼자만 레벨업〉은 애니메이션화를 결정하며, 이 분야에서 세계 최고 수준의 역량을 가진 일본의 제작사와 손을 잡았다. 이는 국적을 떠나, 팬들에게 '최상의 경험'을 선사하는 것을 최우선으로 고려한 전략적 판단이었다. 이 외에도 특정 장르에 특화된 드라마 제작사, 뛰어난 작가, 첨단 기술을 보유한 VFX(시각특수효과) 업체 등과 협력하며 콘텐츠의 완성도를 높이는 것은 IP의 가치를 키우는 가장 직접적인 방법이다.

최적의 팬에게 도달하는 길: 유통 파트너

아무리 훌륭한 콘텐츠를 만들어도 팬들에게 제대로 전달되지 못하면 무용지물이다. 플랫폼과 같은 유통 파트너는 콘텐츠 IP를 최적의 팬들에게 실어 나르는 중요한 역할을 한다. 여기에는 넷플릭스와 같은 글로벌 OTT 서비스, 네이버웹툰과 같은 전문 플랫폼, 스팀(Steam)과 같은 게임 유통 플랫폼, 그리고 인스타그램이나 유튜브 같은 소셜 미디어까지 포함된다.

어떤 플랫폼과 손을 잡느냐는 IP의 성패를 좌우하는 매우 중요한 전략적 결정이다. 각 플랫폼은 저마다 다른 이용자층과 브랜드 이미지, 콘텐츠 소비 방식을 가지고 있다. 성공적인 IP들은 이런 플랫폼의 특성을 정교하게 활용해 팬덤을 구축하고 세계관을 확장한다.

크래프톤의 〈배틀그라운드〉는 글로벌 PC 게임 유통 플랫폼인 스팀의 '얼리 액세스' 프로그램을 통해 성장한 대표적인 사례다. 얼리 액세스는 아직 개발이 완료되지 않은 게임을 유저들이 미리 구매해 플레이하고 피드백을 제공하는 방식이다. 〈배틀그라운드〉는 이 모델을 통해 전 세계 게임 팬들의 자발적인 참여를 유도하는 동시에, 트위치와 같은 스트리밍 플랫폼을 적극적으로 활용했다. 유명 스트리머들의 방송을 통해 게임을 직접 하는 재미뿐만 아니라 '보는 재미'까지 극대화하면서 입소문을 만들어내는 등 몇 가지 전략으로 초기의 빠른 성장을 가능하게 했다.

핑크퐁의 〈아기상어〉는 유튜브를 통해 전 세계로 퍼져 나간 뒤, 니켈로디언 어린이 전문 방송사와 파트너십을 맺고 TV 애니메이션 시리즈를 제작했다. 콘텐츠 IP의 성장 국면에 따라 적절한 유통 파트너를 만나는 것은 중요한 전략적 선택이다.

IP의 가치를 현실 수익으로: 사업 파트너

앞서 설명한 '라이선시'들이 바로 '사업 파트너'에 해당한다. 이들은 굿즈 제조사, 게임 개발사, 테마파크 운영사, 팝업 스토어를 여는 유통사 등 IP의 브랜드 가치를 현실 세계의 구체적인 상품과 서비스로 전환하여 직접적인 수익을 창출하는 주체들이다. 이들과의 파트너십은 두 가지 중요한 의미가 있다. 첫째, 콘텐츠 자체 수익 외에 '수익 모델을 다각화'하여 비즈니스의 안정성을 높인다. 둘째, 팬들의 일상 곳곳에 IP가 스며들게 함으로써 '일상적 접점'을 확대하고, 이를 통해 브랜드의 생명력을 강화한다.

미국의 완구 회사 '펀코'가 대표적인 라이선시의 사례다. 펀코는 마블과 협력해 '펀코 팝!' 피규어 시리즈를 통해 엄청난 성공을 거뒀다. 〈어벤져스〉 등 MCU 영화 속 수많은 슈퍼히어로들을 특유의 3등신 디자인으로 재해석하여, 남성 중심의 전통적인 피규어 시장을 넘어 여성과 아동까지 팬층을 확장시켰다. 특히 한정판 제품 전략과 '코믹콘' 같은 팬 이벤트를 적극적으로 활용해 팬들의 수집 욕구를 자극했다. 펀코에게는 안정적인 매출원을 확보하는 역할을 했고, 마블에게는 영화 개봉 시기에 맞춰 팬덤의 기대감을 고조시키고, IP의 영향력을 일상 공간으로 확산시키는 강력한 마케팅 도구 역할을 했다. 이는 라이선시가 자신만의 독창적인 기획력과 브랜딩으로 원작 IP의 팬덤을 더욱 강화하고 확장시킨 대표적인 사례다.

성공적인 파트너십의 조건

다양한 파트너들과 성공적인 협력 관계를 구축하기 위해서는 다음과 같은 조건이 필요하다. 먼저 모든 파트너십은 단기적인 이익을 넘어, IP의 장기적인 성장을 함께 꿈꾸는 '공동의 비전' 위에서 시작되어야 한다.

창작자는 사업 파트너의 시장 감각을 존중하고, 사업 파트너는 창작자의 IP 철학을 이해하며 서로를 존중하는 문화가 필수적이다. 상호 존중의 토대가 마련되었다면, 다음으로는 역할과 책임, 수익 배분, 권리의 귀속 등 민감한 사항들을 초기에 명확하고 공정한 계약으로 문서화해야 한다. 미래에 발생할 수 있는 오해와 분쟁을 막고, 상호 신뢰의 굳건한 토대를 마련하기 위한 조치다.

하지만 파트너십은 한 번의 계약으로 끝나는 관계가 아니다. 프로젝트 진행 상황을 공유하고, 문제 발생 시 함께 해결책을 모색하는 투명하고 지속적인 소통 채널을 유지해야만 관계의 생명력을 이어갈 수 있다. 이때 파트너십은 단순한 거래 관계를 넘어 함께 성장하는 동반자 관계로 발전할 수 있다.

IP를 키운다는 것은, IP의 성장 단계마다 어떤 역량이 부족한지를 냉철하게 파악하고, 해당 역량을 가진 최고의 파트너를 찾아 더 큰 가치를 함께 만들어가는 여정이라고 할 수 있다. 폐쇄적인 태도를 버리고 생태계 안에서 적극적으로 협력의 기회를 모색하는 기업만이 IP 시대의 지속적인 성장을 만들어갈 수 있다.

28

콘텐츠 마케터의
새로운 역할

과거의 콘텐츠 마케터는 정해진 개봉일에 맞춰 영화 포스터를 붙이고, 방송 시간에 맞춰 예고편을 내보내는 '홍보 전문가'였다. 그들의 주된 임무는 완성된 상품 하나를 단기간에 최대한 많은 사람에게 알리는 것이었다. 하지만 IP가 산업의 중심이 된 오늘날, 마케터의 역할은 상상 이상으로 확장되고 복잡해졌다. 그들은 시선을 끄는 일을 하는 사람을 넘어, 팬덤의 마음을 얻고, 경험을 설계하며, IP의 생명력을 관리하는 '핵심 전략가'로 거듭나고 있다.

단기적 관심을 넘어 장기적 '팬심의 육성'으로

가장 근본적인 변화는 마케팅의 목표가 바뀐 것에 있다. 과거의 목표가 단기적인 '주목의 극대화'였다면, 현재의 목표는 장기적인 '팬심의 육성'이다. 과거 마케터들은 한정된 기간 안에 최대한의 시청률이나 관객 수를 확보하기 위해 대규모의 광고 물량 투입에 모든 것을 집중했다.

하지만 지금의 마케터는 단순히 한 번 보고 잊을 사람들을 모으는 데에만 만족하지 않는다. 대신 IP를 깊이 사랑하고, 그 세계에 머무르며, 기꺼이 자신의 시간과 돈, 열정을 쓰는 팬 만들기에 집중한다. 즉, 일회성 주목을 넘어 지속적인 충성심과 애정을 키우는 것이 이들의 새로운 과제다.

팬심이 깊어져야만 IP의 모든 확장을 따라오며 꾸준히 소비하는, '객단가'와 '생애 가치'를 높이는 비즈니스가 가능해진다. 이제 마케터의 역할은 단기적인 캠페인 관리자에서 IP와 팬덤 사이의 장기적인 관계를 설계하고 가꾸는 관리자로 진화하고 있다.

팬덤의 기여 욕망을 자극하는 법

팬심을 키우는 가장 효과적인 방법은 팬덤이 가진 '기여의 욕망'을 자극하는 것이라고 했다. 팬은 자신이 사랑하는 IP의 성공에 직접 이바지하고 싶어 한다. 마케터는 바로 이들의 열정이 분출될 수 있도록 판을 깔아주는 일을 해야 한다.

이를 위해 마케터는 창작자와 팬덤 사이를 잇는 섬세한 '연결자'가 되어야 한다. 창작자가 만들어낸 세계관의 매력을 꿰뚫어 보고, 팬들이 가장 열광할 만한 요소를 찾아내어, 참여할 수 있는 '놀 거리'를 제공해야 한다.

예를 들어, 드라마 속 특정 커플의 '케미'가 팬들 사이에서 화제라면, 그들의 비하인드 영상을 공개하거나 두 배우가 함께하는 라이브 방송을 기획하여 팬들의 '놀동(놀이 노동)'을 촉진하는 식이다. 팬들의 자발적인 참여를 이끌어내고, 이들의 활동이 IP의 가치를 높일 수 있게끔 선순환 구조를 설계하는 것이 마케터가 팬덤의 기여 욕망을 자극하는 방식이다.

마케터가 기획하는 경험: 팝업 스토어, 굿즈, 이벤트

IP 시대, 마케터의 업무 영역은 전통적인 광고의 경계를 훌쩍 넘어선다. 이들은 IP 경험을 설계하는 핵심적인 프로듀서 역할을 한다. 작가와 감독이 콘텐츠를 만들고 나면, 팬덤과의 접점에서 일어나는 대부분의 일은 마케터가 한다고 해도 과언이 아니다.

마케터가 담당하는 역할을 살펴보자. 먼저 마케터는 IP의 세계관을 현실로 불러오는 팝업 스토어와 각종 오프라인 이벤트를 기획하고 실행한다. 이는 팬들에게 잊지 못할 몰입 경험을 선사하는 동시에, 소셜 미디어 바이럴을 유도하는 가장 강력한 마케팅 활동이다.

다음으로 굿즈 기획이 있다. 모든 굿즈가 수익 창출을 목표로 하지는 않는다. 실제 수익을 내기 위해 라이선시가 기획하는 '상품'의 사례를 제외한 나머지 '판촉물'과 '기념품' 그리고 일부 자체 제작 '상품'의 기획과 판매 활동 등은 모두 마케터의 일이다.

　여기에 더해 챌린지, 밈, 온라인 투표 등 팬들의 참여를 유도하는 각종 디지털 캠페인을 설계하고 이를 확산시키는 것 역시 마케터의 중요한 역할이다. 이러한 활동은 IP가 항상 팬들의 대화 속에 살아있도록 하는 역할을 한다.

　오늘날의 마케터는 광고, 홍보, 이벤트, 상품 기획, 커뮤니티 관리 등 IP와 팬이 만나는 거의 모든 접점을 총괄하는 '경험 디자이너'라고 할 수 있다.

IP의 생명주기에 따른 마케팅 전략의 변화

　마지막으로, 훌륭한 마케터는 IP의 '생명주기'에 따라 전략을 유연하게 바꿀 줄 알아야 한다.

　먼저 새로운 IP가 세상에 처음 나왔을 때 최대한 많은 사람에게 그 존재를 알리고 매력을 각인시키는 것이 중요하다. 이 단계에서는 대규모 광고나 언론 홍보 등 전통적인 마케팅 방식이 여전히 효과적일 수 있다. 이 때의 목표는 강력한 첫인상을 남기고 초기 코어 팬덤을 확보하는 것이다.

　다음으로 IP가 일단 자리를 잡고 나면, 마케팅의 무게중심은 신규 팬 유입과 동시에 기존 팬덤의 충성도를 유지하고 심화시키는 쪽으로 옮겨간다. 팬들과의 꾸준한 소통, 커뮤니티 활성화, 독점 콘텐츠 제공, 참여형 이벤트 기획 등 관계를 다지는 활동이 핵심이다.

한동안 잊혔던 레거시 IP를 다시 대중에게 소환하는 것도 마케터의 중요한 임무다. 이때는 과거 IP를 즐겼던 세대의 향수를 자극하는 동시에, 새로운 세대에게는 신선한 매력으로 다가갈 수 있도록 하는 리브랜딩 전략이 필요하다.

IP 시대의 마케터는 더 이상 주어진 상품을 파는 사람이 아니다. 팬덤과 소통하고, 경험을 설계하며, IP와 함께 성장하는 장기적인 여정의 동반자이자 안내자이다.

29

지속 가능한
생태계를 위하여

지금까지 IP의 개념부터 그것을 키워나가는 구체적인 전략에 이르기까지, 개별 IP가 성공할 수 있는 방법론을 살펴보았다.

모든 IP는 수많은 창작자와 기업, 플랫폼, 그리고 팬덤이 서로 영향을 주고받는 하나의 거대한 '생태계' 안에서 작동한다. 따라서 IP 비즈니스의 최종적인 목표는 단기적인 성공을 넘어, 우리 산업 전체가 오랫동안 건강하게 발전할 수 있는 '지속 가능한 생태계'를 구축하는 것이어야 한다. 소수의 슈퍼 IP만이 모든 것을 독점하는 구조가 아니라, 다양한 규모와 특성을 가진 수많은 IP가 함께 공존하며 성장하는 환경을 조성하는 것이 중요하다.

이 장에서는 이러한 지속 가능한 생태계를 위한 조건이 무엇인지 탐색해보고자 한다.

종 다양성의 가치: 왜 중소 IP가 중요한가

건강한 생태계의 가장 중요한 특징은 '종 다양성'이다. 단일한 종만이 존재하는 생태계는 작은 외부 환경의 변화에도 쉽게 무너질 수 있지만, 다양한 종이 서로 어우러져 있는 생태계는 뛰어난 회복탄력성을 가진다.

콘텐츠 산업 생태계 역시 마찬가지다. 소수의 슈퍼 IP에만 모든 자원과 관심이 집중되는 구조는 당장은 화려해 보일지 몰라도, 급변하는 대중의 취향과 새로운 기술의 등장 앞에서 매우 취약할 수 있다. 이러한 관점에서 '중소 IP'는 우리 생태계의 종 다양성을 책임지는 매우 소중한 존재다. 이들은 새로운 가능성의 인큐베이팅 역할을 하고, 슈퍼 IP가 감당하기 어려운 창의적이고 실험적인 시도로 시장의 새로운 가능성을 탐색한다. 앞에서도 예를 들었지만, 지금의 슈퍼 IP들도 대부분은 과거의 작고 새로운 시도에서 출발했다. 다양한 중소 IP들이 끊임없이 도전하는 토양 위에서만 미래의 슈퍼 IP가 탄생할 수 있다.

중소 IP는 다양한 취향을 만족시키는 역할도 한다. 특정 팬덤의 깊고 세밀한 취향을 충족시키며 전체 이용자의 문화적 만족도를 높이고 산업의 저변을 넓히는 역할은 중소 IP만이 할 수 있는 일이다.

동시에 이들은 전문 인력을 양성하는 거점 역할도 수행한다. IP 비즈니스의 고도화를 위해서는 법률, 라이선싱, 글로벌 마케팅 등 다양한 분야의 전문 인력이 필수적이다. 중소 IP 기반의 다양한 비즈니스가 활성화될 때, 비로소 전문 인력이 성장하고 이들이 경험을 쌓을 기회가 마련된다.

이런 점에서 볼 때, 중소 IP가 건강하게 성장할 수 있는 환경을 만드는 것은, 산업 전체의 미래를 위한 가장 확실한 투자라 할 수 있다.

탈규모의 경제가 열어준 새로운 기회

과거에는 거대한 자본과 유통망을 가진 대기업만이 전국적인, 혹은 세계적인 비즈니스를 할 수 있었다. 하지만 디지털 기술의 발전은 이러한 '규모의 경제'의 규칙을 바꾸고 있다.

IT 분야의 사상가 헤먼트 타네자(Hemant Taneja)는 그의 저서 『언스케일(Unscaled)』에서 디지털 플랫폼이 과거 대기업의 전유물이었던 자원이나 인프라에 대한 접근성을 누구에게나 허용함으로써, 작은 규모의 비즈니스도 지속 가능하게 하는 '탈규모의 경제' 현상을 낳았다고 지적했다.

이러한 변화는 콘텐츠 IP 생태계에도 새로운 기회를 열어주는 것으로 연결된다. 아시다시피 유튜브는 방송국의 도움 없이도 수많은 1인 크리에이터들이 자신만의 팬덤을 구축하고 수익을 창출할 길을 열어주었다. 최근에는 '빅크(Bigc)'나 '비스테이지(b.stage)'처럼 크리에이터나 소규모 IP 홀더가 직접 팬덤과 소통하고 멤버십을 운영하며 수익을 다각화하도록 돕는 전문적인 플랫폼도 등장하고 있다. 이들은 디지털 기술을 이용해 스몰 IP들이 대기업의 유통망에 의존하지 않고도, 작지만 강한 '찐팬'과 직접적인 관계를 맺을 수 있도록 길을 열어주고 있다.

정책의 역할: 건강한 생태계를 위한 노력

콘텐츠 IP 생태계가 건강하게 성장하기 위해서는 민간 주체들의 개별적 노력만으로는 어려운 영역이 있다. 이를 보완해줄 수 있는 것이 정책의 역할이다. 특히 스몰 IP가 성장할 수 있는 도움과 전체 생태계 구성원들의 역량을 높일 수 있는 도움을 제공해야 한다.

제일 먼저 필요한 것은 역량 강화 지원이다. 많은 중소 창작사가 좋은 콘텐츠를 만들고도 IP 권리를 확보하거나 팬덤과 소통하는 비즈니스 역량이 부족해 성장의 기회를 놓치곤 한다. 이들에게는 IP 권리 확보, 계약, 팬덤 데이터 분석 등에 대한 전문적인 교육과 컨설팅 지원 정책이 필요하다.

스몰 IP가 초기 팬덤을 확보한 뒤 다음 단계로 도약하기 위해 가장 필요한 것은 팬들의 'IP 경험의 확장'을 도울 수 있는 타 산업과의 콘텐츠 연계와 협력이다. 이를 위해서는 적절한 파트너를 만날 기회를 얻고 자금을 확보하는 일이 중요하다. 하지만 중소 콘텐츠 기업에게는 부담이 되지 않을 수 없다. 그래서 정책으로서 IP 생태계의 다양한 주체들을 연결하고, 콘텐츠 확장에 도움이 되는 재정적 지원을 나서주는 것이 필요하다.

그리고 전문 인력 양성에 대한 투자도 뒷받침 되어야 한다. IP 비즈니스 생태계가 성장하기 위해서는 전문 인력의 공급이 필수적이다. 산업계의 수요와 연계하여 IP 비즈니스에 특화된 인재를 체계적으로 육성하는 교육 프로그램이 확대 운영되어야 한다.

협력을 통해 만드는 한국형 IP 생태계

궁극적으로 지속가능한 생태계는 '상생'의 구조 위에서만 구축될 수 있다. 콘텐츠 IP의 확장은 개별 기업의 힘만으로는 불가능하다. 콘텐츠를 만드는 창작자와 제작자, 그리고 유통하고 확산하는 플랫폼, IP를 활용해서 사업을 전개하는 다양한 사업자 등 이들이 모두 협력할 때 IP는 더 큰 성장의 기회를 얻을 수 있다.

슈퍼 IP는 다양한 IP 생태계 구성원이 확장의 과정에 참여할 기회를 제공한다. 콘텐츠는 물론 다양한 산업의 기업들이 서로 협력하며 IP가 만들어낼 수 있는 가치의 총합을 늘려나가는 경험을 쌓게 해준다. 반면, 스몰 IP는 창의적인 시도를 통해 전체 시장에 다양성과 활력을 공급한다.

이를 위해 창작자와 제작사는 콘텐츠의 원천 경험을 만들고, 플랫폼은 IP가 더 넓은 팬덤을 만날 수 있도록 접점을 넓히고, 마케터는 팬덤이 참여할 수 있는 놀이터를 만들어야 한다. 그리고 정책은 이러한 생태계가 상호 연결되고 협력할 수 있도록 기반을 마련해야 한다. 이것이 우리가 기대하는 지속가능한 IP 생태계의 모습이다.

한국형 IP 생태계는 충분히 성숙하지 않았다. 개별적인 콘텐츠의 성과에도 불구하고, 다양한 주체들이 IP의 성장을 위해 협력해온 경험은 아직 많지 않다. 그리고 국내 시장을 넘어, 글로벌 시장에서 우리의 IP를 키워나가는 노력은 개별 기업의 힘만으로는 어렵다. 콘텐츠 IP의 중요성에 대한 인식이 높아진 지금이야 말로 협력의 경험을 쌓을 수 있는 좋은 기회다. 건강하고 강한 IP 생태계를 위한 협력의 노력을 이어갈 때, 지속가능한 성장의 토대가 마련된다.

30

콘텐츠 비즈니스 현장의
질문들

영상 제작, 캐릭터 상품 개발, 유통, 해외 수출 등 콘텐츠 비즈니스의 모든 영역에서 IP는 새로운 기회인 동시에 복잡한 과제이기도 하다. 이 장에서는 콘텐츠 비즈니스 현장에서 실무자들이 궁금해했던 현실적인 질문들과 그에 대한 답변을 정리해 보고자 한다.

글로벌 OTT와 IP 권리

"〈오징어 게임〉의 경우와 같이 전 세계적인 성공에 따른 수익이 원작자에게는 어느 정도로 배분되나요? 그리고 이러한 계약 구조는 왜 만들어지나요?"

'오징어 게임'은 콘텐츠 IP 권리 확보의 중요성을 대중적으로 알린 사건이었다. 한국의 창작자가 만든 작품임에도, IP 권리가 글로벌 기업에게 귀속되었다는 점이 중요한 쟁점으로 부상했다.

'오징어 게임'은 모든 IP 권리를 넷플릭스가 확보하는 대신, 제작비에 더해서 일정 정도의 이윤을 보장하는 방식으로 계약이 이뤄졌다. 이는 영상 콘텐츠 산업에서 후발주자였던 넷플릭스가 '오리지널'이란 이름으로 자신만의 IP를 확보하기 위한 전략적 투자의 결과였다.

넷플릭스가 모든 작품을 이와 같은 방식으로 계약하지는 않는다. 제작사 역시 전체 IP 권리를 넘기는 방식과 국내 방영을 위해 일부 권리를 남기고 해외 스트리밍 권리를 판매하는 방식 등 작품에 따라 다른 접근을 취한다.

이때 중요한 것은 '리스크'를 누가 감당할 것이냐의 문제다. 넷플릭스가 모든 권리를 갖는 계약은 제작사 입장에서는 작품의 성공과 실패와 관계없이 일정 수준의 이윤을 보장하는 방식이기에 위험 부담 없이 다양한 시도를 할 수 있고, 넷플릭스는 190개국으로 콘텐츠를 유통할 수 있는 규모의 경제를 활용해서 다양한 실험적 시도들 가운데에서 슈퍼 IP로 성장할 가능성이 있는 작품을 확보하는 기회를 얻는다.

'오징어 게임'의 경우, 국내에서 성공 가능성을 확신하지 못해 투자를 받지 못한 작품이었고, 넷플릭스의 투자를 받고 나서야 작품을 완성할 수 있었다. 이런 이유로 IP 확장으로 얻는 이익 전부를 넷플릭스가 갖게 되었다. 다만, 창작자는 작품이 흥행했기 때문에, 시즌2와 시즌3의 제작과 이로 인한 수익을 기대할 수 있으며, 마찬가지로 연출료 상승도 기대할 수 있었다. 결국 '보상' 그 자체보다 IP를 확장하는 과정에서 '주도권'을 누가 갖느냐의 문제가 더 핵심적이라고 할 수 있다.

팬덤 참여의 상업화라는 딜레마

"팬들의 2차 창작이나 온라인 담론을 직접적인 수익으로 연결할 방법은 없나요? 팬들의 참여 자체를 비즈니스 모델로 만들 수 있나요?"

팬덤의 자발적 참여는 IP 성장의 핵심 동력이다. 하지만 이러한 팬 활동을 직접적인 수익 모델로 전환하려는 시도는 매우 섬세한 접근을 요구한다. 특히 팬들의 참여 활동을 수익화하는 시도는 매우 신중하게 접근해야 한다. 자칫 잘못하면 팬들의 순수한 애정을 상업적으로 이용한다는 반감을 사서 팬덤 전체가 등을 돌리는 결과를 낳을 수 있기 때문이다.

팬덤 플랫폼 '위버스'가 팬들이 만든 콘텐츠를 활용해 일부 수익 모델을 시도하고는 있지만, 이 역시 팬들 사이에서 호불호가 갈리는 민감한 문제다. 팬들은 자신들의 창작 활동이 순수한 애정 표현에서 비롯된 것으로 생각하며, 이것이 기업의 수익 수단으로 활용되는 것에 대해 복잡한 감정을 가진다.

따라서 일반적인 콘텐츠 기업이 팬덤의 참여 자체를 직접 수익화하는 것은 현실적으로 어렵고 리스크가 크다. 더 현명한 접근법은 역할을 명확히 나누는 것이다. 온라인에서의 활발한 바이럴과 2차 창작 활동은 마케팅 영역으로 보고, 그것이 자연스럽게 일어날 수 있도록 환경을 조성하는 데 집중한다.

그리고 그 결과로 높아진 IP의 인지도와 팬덤의 충성도를 팝업 스토어나 굿즈 판매 같은 별도의 수익 사업으로 돌리는 것이 훨씬 더 안정적이고 효과적이다. 이는 앞서 논의했던 '경험 설계'의 원칙과도 일맥상통한다. 팬들이 즐겁게 참여할 수 있는 무대를 만들어주고, 기업은 그 과정에서 자연스럽게 발생하는 상업적 기회를 포착하는 것이다.

실사화 전략의 산업적 논리

"원작 팬들의 비판에도 실사화는 왜 계속 시도되나요? 이것이 합리적인 전략인가요?"

원작 팬들의 비판에도 불구하고 애니메이션이나 웹툰의 '실사화'가 계속 시도되는 현상은 IP 확장 전략의 복잡한 측면을 보여주는 사례다.

이 질문에 대한 답은 우리가 앞서 논의했던 '체험과 경험의 확장' 논리와 밀접하게 연결된다. 실사화는 특정 장르나 서브컬처의 팬덤에 머물러 있는 IP를, 배우라는 강력한 매개체를 통해 더 넓은 대중에게 확장하려는 산업적 판단의 결과다.

세상에는 생각보다 애니메이션이나 웹툰을 전혀 보지 않는 사람들이 꽤 많다. 아무리 원작 팬들이 비판하더라도, 유명 배우가 출연하는 드라마나 영화는 그 자체로 엄청난 홍보 효과와 새로운 팬층의 유입 가능성을 높인다. 이는 앞서 논의했던 '원천 경험의 재현과 확장' 전략의 한 형태로 볼 수도 있다.

하지만 넷플릭스 같은 글로벌 OTT의 등장으로 일본 애니메이션이나 K-웹툰이 과거의 서브컬처를 넘어 그 자체로 주류 문화가 되어가는 흐름은 굳이 실사화에 의존하지 않아도 되는 시대가 올지도 모른다는 미래를 반증한다.

그럼에도 불구하고 적어도 현재까지는 팬덤의 규모를 가장 확실하게 키울 수 있는 검증된 확장 전략 중 하나가 실사화이기 때문에 앞으로도 계속 시도될 것으로 예상된다.

중요한 것은 원작에 대한 존중을 바탕으로, 실사화만이 줄 수 있는 새로운 매력과 경험을 더하는 것이다. 단순한 형태 변환이 아니라, 새로운 매체가 제공할 수 있는 고유한 가치를 덧붙이는 것이다.

소규모 IP 홀더의 글로벌 생존 전략

"자본과 인력이 부족한 소규모 IP 홀더가 글로벌 시장에서 살아남기 위한 현실적인 생존 전략은 무엇인가요?"

자본과 인력이 제한된 소규모 기업이 글로벌 시장에서 해외 유수의 기업들과 경쟁하는 문제는 현재 한국 콘텐츠 산업이 직면한 가장 현실적인 과제 중 하나다.

현실적으로 대기업처럼 막대한 자본을 투입할 수 없는 작은 기업은 철저하게 '단계적 성장' 전략을 구사해야 한다. 처음부터 전 세계를 목표로 하기보다 우리 IP의 특성과 가장 잘 맞는 지역을 찾아내어 가능성을 테스트하는 것이다.

이를 위해서는 '작은 실패'를 여러 번 시도해보는 자세가 필요하다. 다양한 국가의 소규모 이벤트에 참여하거나, 각국의 인플루언서와 협업해보는 등 적은 비용으로 시장의 반응을 테스트해볼 방법은 많다.

중요한 것은 씨앗을 여러 곳으로 뿌려보다가, 유독 좋은 반응이 오는 시장이 나타나면 그때 가지고 있는 자원을 집중적으로 투입하여 한 단계씩 나아가는 계단식 성장을 추구하는 것이다.

여러 번 얘기했지만, 핑크퐁의 〈아기상어〉는 처음부터 글로벌 히트를 노리고 만든 것이 아니었다. 수백 개의 영상 중 하나였지만, 동남아시아 시장에서 심상치 않은 반응이 오는 것을 포착하고 거기에 모든 역량을 집중하여 성공을 만들어 냈다.

작은 기업일수록 한 번의 큰 성공을 꿈꾸기보다 시장이 보내는 작은 신호를 놓치지 않고 기회로 붙잡는 민첩함과 집중력을 가장 중요한 무기로 삼아야 한다.

정리. 콘텐츠 기업이 꼭 갖춰야 할 7가지 습관

1) 콘텐츠의 핵심은 '연결'에 있다

콘텐츠 기업의 성공 여부는 단순히 '훌륭한 작품' 몇 편을 만드는 데 달려있지 않다. 중요한 것은 콘텐츠가 어떤 방식으로 어떤 대상을 어떻게 연결하는지를 아는 것이다. 과거 미디어가 견고한 고체처럼 각자의 영역을 지켰던 시절에는 콘텐츠 또한 그 자체로 완성된 상품으로 소비될 수 있었다. 그러나 오늘날처럼 경계가 해체되고 모든 것이 유동하는 '액체 미디어' 시대에는 콘텐츠의 역할이 근본적으로 달라졌다. 이제 콘텐츠는 완성된 결과물로서가 아니라 서로 다른 가치와 세계를 이어주는 연결고리로 작동하며, 이때 진정한 생명력을 갖게 된다. 그래서 성공적인 콘텐츠 기업이 되려면 콘텐츠 제작자의 관점을 넘어 '연결의 설계자'가 되어야 한다. 모든 콘텐츠 기업의 전략은 이러한 '연결'을 중심으로 재편될 필요가 있다.

①팬덤과 IP를 묶는 관계의 기반을 구축하라

가장 본질적인 연결은 '팬덤'과 'IP' 사이에서 일어난다. 콘텐츠는 팬덤이 IP에 지속적으로 관심을 갖게 하는 핵심 매개체다. 따라서 기업의 첫 번째 임무는 일회성의 콘텐츠 소비 유도를 넘어, 팬들이 IP의 세계관에 머무르며 애정을 키우고 관계를 맺을 수 있는 매력적인 '장(field)'을 제공하는 데에 있다.

효과적인 '장'은 팬들의 참여 욕구를 자극한다. 팬들은 더 이상 수동적인 소비자가 아니다. 자신이 사랑하는 IP의 성공에 직접 기여하며 자신의 존재 가치를 확인하고 싶어 하는 능동적인 파트너 역할을 한다. 기업은 콘텐츠를 통해 팬들이 해석하고, 토론하고, 2차 창작으로 이어질 수 있는 여지를 마련해야 한다. 팬들의 자발적인 참여와 기여를 이끌어내는 콘텐츠만이 팬덤을 IP에 단단히 연결하는 관계의 기반이 된다.

②체험을 경험의 자산으로 전환하라

콘텐츠를 통한 순간의 재미나 감동은 그저 스쳐 지나가는 일시적 체험에 불과하다. 이러한 파편적인 체험은 쉽게 잊히지만, 의미가 부여되고 삶과 연결될 때는 '지속되는 경험'이라는 자산으로 축적된다. 콘텐츠 기업의 두 번째 임무는 바로 이 전환 과정을 설계하는 것이다.

기업은 팬들의 흩어진 체험을 하나의 의미 있는 서사로 엮어주는 경험의 중심축 역할을 수행해야 한다. 자사 IP가 팬들에게 제공해야 할 핵심적인 가치, 즉 원천 경험이 무엇인지 명확히 정의하고, 콘텐츠를 통해서 일관되게 제공할 수 있도록 해야 한다. 한마디로 팬들의 기억 속에 지워지지 않는 브랜드 자산을 구축해야 한다.

③산업과 산업을 잇는 가치 확장의 통로를 구축하라

성숙한 IP는 콘텐츠 산업의 경계를 넘어 타 산업으로 가치를 확장하는 강력한 연결 통로 역할을 한다.

통로를 전략적으로 설계하고 구축하는 것이 콘텐츠 기업이 해야 하는 일이다. 이러한 협력은 단순히 라이선스 수익을 얻는 것을 넘어, IP의 생명력을 연장하고 새로운 잠재 팬들을 만나는 핵심 기회가 된다. 각 산업은 이미 구축된 팬덤과 브랜드 경험을 활용해 마케팅 리스크를 줄이고, IP는 다양한 산업과의 융합을 통해 팬들과의 접점을 일상 전반으로 넓히며 자신의 세계를 확장한다.

그래서 콘텐츠 기업은 '어떻게 하면 IP를 기반으로 협력을 만들어 낼 수 있을까?'라는 질문과 동시에, '이러한 협력을 통해 콘텐츠 IP가 더 큰 경험의 거점으로 성장하는 데 필요한 것은 무엇일까?'라는 고민을 해야 한다.

콘텐츠 비즈니스는 이 세 가지 차원의 연결고리를 창의적이고 전략적으로 설계하며 실행하는 복합적인 활동이다. 우리 콘텐츠가 무엇을, 어떻게 연결하고 있는지 점검해보자. 연결의 깊이와 넓이가 기업의 미래 가치를 결정한다.

2) 콘텐츠를 '재료'로 분해하고 '경험'으로 재조립하라

오늘날 콘텐츠는 롱폼과 숏폼, 영상과 텍스트, 원작과 파생작 등 무수히 많은 형태로 분화하고 있다. 많은 기업이 변화 앞에서 어떤 형태의 콘텐츠를 만들어야 할지 고민하지만, 이는 잘못된 접근일 수 있다. 핵심은 콘텐츠의 '형태'가 아니라 '기능'이다.

성공적인 콘텐츠 기업은 더 이상 콘텐츠를 완성된 제품으로 보지 않는다. 그들은 콘텐츠를 언제든 분해하고 재구성할 수 있는 여러 구성 요소의 집합으로 인식하고, 전략적 목표에 따라 이 요소들을 최적의 경험으로 재조립한다.

① IP를 구성 요소별로 분해하라

하나의 IP를 마주했을 때, 가장 먼저 해야 하는 것은 이를 세분화하여 어떤 구성 요소들이 있는지 식별하는 일이다. IP는 완성품이 아니라, 이야기, 캐릭터, 세계관, 상징적인 아이템, 시각적 스타일, 음악 등 수많은 잠재적 가치를 지닌 자원의 집합체다. IP 전략의 첫걸음은 우리 IP의 성공을 이끈 핵심 요소가 무엇인지, 팬들이 무엇에 열광하는지 분석하고 목록화하는 것이다.

② 전략적 목표에 따라 요소들을 재조립하라

IP의 구성 요소를 파악했다면, 어떤 목표를 위해 어떻게 조합할지를 결정해야 한다. 깊은 몰입과 충성도 확보를 목표로 코어 팬덤을 만들고 싶다면 '이야기'와 '세계관'이라는 요소를 중심으로 깊이 있는 원천 경험을 제공해야 한다. 반면, 새로운 팬의 발견과 확산을 목표로 한다면, 그래서 더 넓은 대중에게 IP를 알리고 싶다면 '캐릭터의 매력'이나 '독특한 시각 요소'처럼 직관적이고 접근하기 쉬운 요소를 중심으로 조합해야 한다.

　기업은 각 요소의 특성을 이해하고, 팬덤을 깊게 만들 것인지 넓게 만들 것인지에 대한 전략적 판단 아래 콘텐츠를 기획해야 한다. 숏폼으로 유입된 팬을 롱폼으로 안내할 수도 있고, 각각을 완전히 별개의 IP로 성장시키는 시도를 할 수도 있다.

③팬덤의 경험을 설계하라

　콘텐츠 기업의 역량은 개별 콘텐츠의 성공이 아니라, 분화된 요소들을 어떻게 유기적으로 연결하여 팬들에게 끊김 없는 일관된 경험으로 제공하는가로 평가받는다.

　팬들은 숏폼 밈을 통해 캐릭터에 대한 호기심을 느끼고, 웹툰을 통해 서사에 빠져들며, 팝업 스토어에서 세계관을 직접 체험하고, OST를 들으며 그 순간의 감동을 오래 기억한다. 이 모든 과정을 적절히 구성해낼 때, 각각의 콘텐츠 요소들은 비로소 팬들의 삶 속에 의미를 갖는 하나의 IP로 완성된다.

　따라서 콘텐츠 기업의 역할은 최고의 구성 요소를 찾는 것을 넘어, 그 요소들로 만들 수 있는 최적의 경험 여정을 설계하는 것이어야 한다.

3) '작품'을 존중하되 '콘텐츠'로 관리하라

하나의 영상이나 이야기는 그것을 바라보는 시선에 따라 완전히 다른 의미를 갖는다. 창작자에게는 자신의 철학과 영혼이 담긴, 인격적인 관계를 맺은 '작품'이다. 반면, 기업에게는 시장에서 평가받는 목표 달성을 위한 전략적 도구, 즉 '콘텐츠'여야 한다.

물리적으로는 동일한 결과물이지만, 이 둘에 대한 태도와 접근법의 차이가 예술과 비즈니스를 구분하는 경계가 된다. 콘텐츠 기업의 생존과 성장은 창작자의 열정 어린 '작품'을 존중하되, 한 발짝 뒤로 물러나 '콘텐츠'라는 전략적 관점을 견지하는 데서 시작된다.

① 관점의 전환: 개인의 창작물에서 기업의 자산으로

창작의 세계는 "나는 어떤 이야기를 세상에 내놓고 싶은가?"라는 질문에서 출발한다. 창작자에게 작품은 자신의 분신과도 같으며, 성공의 기준은 내적인 만족감과 예술적 성취다. 하지만 기업은 다른 질문을 던져야 한다. "이 이야기를 원하는 고객은 누구이며, 이를 통해 어떻게 수익을 창출하고 IP 가치를 높일 것인가?"

콘텐츠 기업은 창작자의 열정을 존중하면서도, 작품이 시장에서 거래되는 객관적인 상품이자 기업의 자산으로 바라보는 시선을 내재화해야 한다. '작품성'이라는 주관적이고 모호한 평가 기준을 넘어 조회 수, 매출, 팬덤 반응, 시장 점유율과 같은 명확한 사업 지표로 콘텐츠의 가치를 측정하고 평가하는 시스템을 갖춰야 한다.

이러한 전략적 거리 두기가 바탕이 될 때 감정이 아닌 데이터에 기반한 의사결정이 가능해진다.

② 관리의 핵심: IP 가치에 대한 기여도를 측정하라

뛰어난 '작품'이야말로 훌륭한 IP의 씨앗이 된다. 하지만 모든 작품이 성공적인 IP로 성장하는 것은 아니다. 따라서 개별 콘텐츠에 대한 평가는 그것이 얼마나 예술적으로 뛰어난가에만 머물러서는 안 된다. 가장 중요한 평가 기준은 "이 콘텐츠가 우리 회사의 IP 포트폴리오 가치를 얼마나, 어떻게 높이는 데 기여했는가?"가 되어야 한다.

이러한 관점에서 모든 콘텐츠의 제작은 기존 IP 자산의 가치를 높이거나 새로운 IP 자산을 발굴하기 위한 '투자' 행위나 마찬가지다. 투자의 성과는 반드시 기여도로 평가받아야 한다. 이 콘텐츠가 팬덤을 얼마나 확장했는가? 브랜드 가치를 얼마나 높였는가? 후속 사업으로 이어질 가능성을 얼마나 창출했는가? 이러한 질문에 답할 수 있을 때, 개별 콘텐츠는 전체 전략의 일부로서 의미를 갖게 된다.

③ 지속가능성의 조건: 체계적 관리가 창작을 보호한다

비즈니스 관점으로의 전환이 창작의 순수성을 훼손한다고 우려할 수도 있다. 하지만 현실은 그 반대다. 체계적인 비즈니스 관점의 부재야말로 수많은 좋은 '작품'을 단발적인 시도로 끝나게 하는 주된 원인이 된다.

지속적인 수익 모델과 체계적인 관리 시스템이 없다면, 창작자는 다음 작품을 만들 기회조차 얻지 못한다. 기업이 콘텐츠를 체계적으로 관리하고 수익을 창출하여 다시 창작에 투자하는 선순환 구조를 만들 때, 창작자는 안정적인 환경에서 자신의 예술혼이 담긴 '작품' 활동을 이어갈 수 있다.

체계적 관리는 창작을 억압하는 것이 아니라, 소중한 창의성이 고갈되지 않도록 지켜주는 가장 현실적인 보호막이다.

4) 시대를 고민하고, '경험의 가치'를 제시하라

우리는 흔히 '좋은 콘텐츠'라는 말을 사용한다. 하지만 그 기준은 결코 절대적이거나 영원하지가 않다. 그래서 콘텐츠 기업의 관점에서 시대를 초월하는 보편적인 '좋음'이란 존재하기가 어렵다.

비즈니스로서의 콘텐츠는 동시대 사람들의 마음을 얻어야 하는 상품이다. 따라서 '좋은 콘텐츠'란 그 자체의 미학적 완성도는 물론이고, 특정 시대와 사회가 요구하는 가치, 욕망, 그리고 감수성에 얼마나 성공적으로 부합하는가 또한 중요하게 따진다. 그래서 좋은 콘텐츠는 창작자가 만드는 것이 아니라 시대가 만드는 것이라고 말하기도 한다.

① '좋은 콘텐츠'를 평가하는 기준의 변화

과거 우리가 '좋다'고 여겼던 콘텐츠의 기준을 돌아볼 필요가 있다. 권위 있는 전문가의 찬사, 높은 기술적 완성도, 교훈적인 메시지 등은 전통적으로 좋은 콘텐츠의 덕목이었다. 이는 소수의 엘리트가 기준을 제시하면, 대중이 이를 수용하던 시대의 산물이었다.

하지만 미디어의 권력이 개인에게로 분산된 오늘날, '좋음'의 기준은 완전히 달라졌다. 팬들은 더 이상 일방적으로 주어지는 완벽한 서사를 원하지 않는다. 대신 자신의 삶과 닮아있는 진정성에, 완벽한 영웅보다 결점으로 더 마음이 가는 캐릭터에, 그리고 팬들과 함께 만들어가는 참여와 소통에 더 큰 가치를 부여한다.

②시대를 읽고 대응하는 전략

끊임없이 변화하는 시대의 목소리를 읽어내는 일은 더 이상 소수 천재 기획자의 '감'에만 의존해서는 안 된다. 기업은 여러 전략을 통해 시대의 욕망을 포착해야 한다.

먼저 데이터를 활용할 필요가 있다. 검색량, 소셜미디어 버즈, 댓글의 감성 분석 등 대중이 남긴 디지털 흔적은 지금 그들의 관심사가 무엇인지, 어떤 감정에 휩싸여 있는지를 객관적으로 보여주는 중요한 증거가 된다.

데이터를 통해서 읽히는 세대 간의 가치관 충돌, 사회 전반에 퍼진 불안이나 향수, 새롭게 떠오르는 문화적 코드를 이해해야만 시대의 욕망을 깊이 있게 해석하고 한발 앞서 나갈 수 있다.

이러한 '읽기'의 과정 이후에는 다음의 기준으로 콘텐츠를 평가해야 한다. '현재의 트렌드와 부합하며 명확한 시장 수요가 존재하는가?' 즉, 지금 팔릴 수 있는가? 다음으로, '타겟 고객의 정서적 결핍이나 욕구를 정확히 파고들어 깊은 관계를 형성할 수 있는가?' 즉, 마음을 움직일 수 있는가? 마지막으로, '팬덤이 참여하고 2차 창작을 통해 놀 수 있는 가능성이 있는가? IP로 성장할 잠재력이 있는가?' 즉, 팬들이 참여할 여지가 있는가?

콘텐츠 IP의 관점에서 최고의 콘텐츠란 가장 예술적인 작품이 아니라, 이 세 가지 질문에 성공적으로 답할 수 있는, 그래서 시장을 확장하고 팬덤의 마음을 얻으며, 그들에게 놀이터를 제공하며 경험의 거점으로 성장할 수 있는, 즉 IP 성장의 기회를 만드는 콘텐츠다.

5) 콘텐츠 'IP 투자사'로서 행동하라

콘텐츠 비즈니스의 모든 전략적 사고는 개별 콘텐츠의 단기적 성공을 넘어, 어떻게 이를 지속 가능한 지식재산(IP)이라는 자산으로 축적하고 체계적으로 관리할 것인가에 초점이 맞춰져야 한다. 이를 위해 기업은 스스로의 정체성을 근본적으로 재정의해야 한다.

더 이상 좋은 콘텐츠를 생산하는 콘텐츠 공장이 아니고, 잠재력 있는 IP 포트폴리오를 구축하고 그 가치를 극대화하는 IP 투자사라고 생각해야 한다. 이러한 정체성의 전환은 기업의 모든 의사결정과 자원 배분 방식을 바꾸는 핵심적인 경영 철학이 된다.

① 안정성과 성장성을 모두 관리하라

'IP 투자사'의 관점에서, 새롭게 제작되는 모든 콘텐츠는 두 가지 의미의 투자 행위 중 하나로 해석된다. 기업은 이 두 종류의 투자를 균형 있게 관리하는 포트폴리오 전략을 갖춰야 한다.

먼저 기존 IP에 대한 추가 투자를 통한 안정성 확보다. 이미 팬덤과 세계관이 견고히 자리 잡은 IP에 후속 시즌이나 스핀오프, 다른 형식의 콘텐츠를 더하는 것은 검증된 우량 자산에 대한 추가 투자다.

다음으로 신규 IP 발굴과 투자를 통한 성장성 추구다. 완전히 새롭고 독창적인 이야기나 캐릭터를 선보이는 것은 미래의 핵심 자산이 될 가능성을 탐색하는 일종의 연구개발 투자다.

②실패를 손실이 아닌 학습 비용으로 관리하라

신규 IP에 대한 연구개발 투자는 높은 실패 확률을 동반한다. '콘텐츠 공장'의 관점에서 실패는 곧바로 '손실'로 기록되지만, 'IP 투자사'의 관점에서는 '학습 비용'이다. 기업은 재무적으로 감당 가능한 수준의 '작은 실패'를 장려하고, 그 과정에서 축적된 학습을 통해 다음 투자의 성공 확률을 높이는 시스템을 만들어야 한다.

모든 콘텐츠 제작을 장기적인 'IP 자산화'의 관점에서 바라볼 때, 단기적인 손익에 휘둘리지 않고 일관성 있는 전략적 방향성을 유지할 수 있다.

③ IP포트폴리오를 설계하고 관리하라

개별 콘텐츠의 진정한 '가치'는 일시적 즐거움을 제공하는 데 머물지 않고, 시간을 견뎌내는 지속가능한 자산, 즉 IP로 전환되는 능력에 있다. 개별 작품의 성공만큼이나 중요한 것은 이 작품이 전체 포트폴리오에서 어떤 역할을 수행하며, 어떻게 IP 가치 확장에 기여할 것인지를 설계하는 일이다.

'창의적 작품'으로 시작해 전략적으로 관리되는 '콘텐츠 포트폴리오'를 거쳐, 마침내 '지식재산'이라는 견고한 기업 자산으로 완성되는 길을 걷는 기업만이 급변하는 미디어 환경 속에서 단기적인 손익에 휘둘리지 않고 꾸준한 성장을 이뤄낼 수 있다.

6) 창의성을 시스템으로 보호하고 육성하라

콘텐츠 기업이 보유한 가장 소중한 자산은 자본이나 기술이 아니라, 임직원 각자의 머리와 마음에서 흘러나오는 '창의적 에너지'다. 하지만 이는 무한한 자원이 아니다. 소모적이고 변덕스러우며, 쉽게 바닥날 수 있는 섬세한 무형자산에 가

갑다.

많은 기업이 창의성을 소수 천재의 번뜩이는 재능에 의존하지만, 지속가능한 성공은 개인의 역량이 아닌 시스템과 문화를 통해 창의성을 보호하고 육성할 때 허락된다.

창의성은 더 이상 관리의 영역 밖에 있는 신비로운 힘이 아니다. 기업의 철학과 전략을 통해 체계적으로 관리될 수 있으며, 또 그렇게 해야만 한다.

①자율을 전략적 시스템 안에 담아라

창작자는 아이디어가 자유롭게 움틀 수 있는 심리적 안정감 속에서 최고의 역량을 발휘한다. 그러나 기업 입장에서 방향성 없는 무한한 자율은 방임과 혼란으로 이어질 뿐, 결코 사업적 성과로 연결되지 않는다.

따라서 기업이 제공해야 할 것은 경계 없는 황무지가 아니라, 명확한 목표와 규칙이 있는 잘 설계된 창작 환경이다. 이러한 환경의 경계가 바로 IP 포트폴리오 전략이다.

기업은 "마음껏 만들어보세요"라고 말하는 대신, "우리의 전략적 목표와 IP 포트폴리오 안에서 당신의 창의력을 마음껏 발휘해주세요"라고 말해야 한다. 명확한 전략적 틀 안에서 보장되는 자율이야말로, 창의성이 흩어지지 않고 기업의 자산으로 응축되는 첫 번째 원칙이다.

②데이터를 직관의 보완재로 활용하라

오늘날 콘텐츠 산업에서 데이터는 더 이상 무시할 수 없는 핵심 변수다. 데이터는 시장의 동향과 변화에 대한 객관적인 근거를 제공하며 의사결정의 위험을 줄여준다. 하지만 데이터는 어디까지나 과거의 결과에 대한 기록일 뿐이다. 데이터에만 지나치게 의존하면 시장을 뒤쫓는 모방자로 머물 뿐, 변화를 선도하는 혁신가가 될 수 없다.

성공적인 콘텐츠 기업은 데이터를 의사결정의 주체가 아닌, 창의적 직관을 단련시키는 보완재로 활용한다. '정답'이 아닌, 더 깊고 날카로운 '질문'을 던지는 도구로 사용한다. 데이터를 통해 직관을 검증하고, 가설을 날카롭게 다듬는 문화 속에서 진정한 통찰이 나온다.

③실패 허용을 문화로 제도화하라

지속 가능한 창의성을 위해 가장 중요한 것은 실패를 허용하는 문화를 만드는 것이다. 새로운 IP를 발굴하기 위한 연구개발 투자는 본질적으로 높은 실패율을 감수하는 행위다. 실패가 처벌받는 문화에서는 아무도 새로운 도전을 하지 않는다.

따라서 기업은 '작은 실패'를 장려하고, 그 과정을 관리하는 시스템을 갖춰야 한다. 성공한 프로젝트뿐만이 아니라, 의미 있는 실패를 통해 무엇을 배웠는지 조직 전체가 공유하고 격려하는 프로세스를 제도화해야 한다. 실패는 더 이상 개인의 오점이 아니라, 조직 전체의 성공 확률을 높이는 소중한 학습 자산으로 인식되어야 한다.

지속 가능한 창의적 에너지는 그것을 단순히 쥐어짜야 할 자원으로 여기는 기업이 아니라, 세심하게 가꾸고 보살펴야 할 조직 생태계로 바라보는 기업의 철학에서 나온다. 창작자들이 실패의 두려움 없이 마음껏 도전할 수 있는 안전한 시스템을 구축하는 것이 창의성을 위한 핵심 전략이다.

7) 생태계 안에서 '굿 파트너'를 만나라

IP의 성장은 어느 한 창작자나 기업의 독자적인 노력만으로 이루어지지 않는다. 여러 주체가 얽히고설킨 '생태계' 내에서 완성된다.

그러면 콘텐츠 기업이 나아가야 할 다음 과제는 명확하다. 바로 기업의 성장을 위해 생태계가 가진 힘을 효과적으로 활용하는, 즉 '협력'의 기회를 적극적으로 탐색하는 일이다.

①누가 우리의 동료인가?

과거에는 동료가 주로 동종 업계의 창작자나 제작사에 한정되었다. 하지만 오늘날 IP 생태계 내에서의 동료는 가치 사슬 전반에 걸쳐 다양하게 포진되어 있다. IP의 성장 단계에 따라 필요한 파트너는 달라진다. 지금 우리에게 가장 부족한 역량이 무엇인지 진단하고, 그에 맞는 '우리 편'을 찾아 나서야 한다.

첫 번째로 함께 콘텐츠의 질과 규모를 키워가는 '창제작 파트너'가 있다. IP의 가치는 팬들에게 제공하는 '경험의 질'에서 나온다. 최고의 콘텐츠 경험을 만들어내기 위해, 분야별 최고의 전문가들과 손을 잡아야 한다.

두 번째는 완성된 콘텐츠를 알맞은 팬층에 전달하는 '유통 파트너'다. 아무리 훌륭한 콘텐츠를 만들어도 팬들에게 제대로 전달되지 못하면 무의미하다. OTT, 웹툰 플랫폼, 소셜 미디어 등 각 플랫폼의 특성과 이용자층에 맞는 전략적 제휴가 필수적이다.

세 번째로는 IP의 가치를 다양한 영역으로 확장하는 데 핵심 역할을 하는 '사업 파트너'가 있다. 굿즈 제조사, 라이선싱 에이전트 등 이들과 함께 IP 수익 모델 다각화와 팬들과의 일상적 접점을 확대할 수 있다.

훌륭한 사업 파트너는 단순히 라이선스 비용을 지불하는

것을 넘어, 자신의 전문성으로 원작 IP의 가치를 한 단계 끌어올리는 핵심적인 역할을 한다.

② 성공적인 협력의 조건

다양한 파트너들과 성공적인 협력 관계를 구축하고 유지하기 위해서는 다음 세 가지 핵심 조건이 반드시 필요하다.

첫 번째는 '공동 비전과 상호 존중'이다. 단기적 이익에 머무르지 않고 IP의 장기적이고 지속적인 성장을 함께 바라는 비전을 공유하며, 상대방의 전문성을 깊이 인정하는 태도다. 창작자는 사업 파트너의 시장 감각을 존중하고, 사업 파트너는 창작자의 IP 철학을 이해할 때 비로소 시너지가 발현된다.

두 번째 조건은 '명확하고 공정한 계약'이다. 역할과 책임, 수익 배분, IP 권리 귀속과 같은 민감한 사항들을 초기 단계에서 정확히 문서화해야 한다. 계약이 견고할수록 불필요한 오해와 분쟁을 막고, 상호 신뢰 구축의 든든한 바탕이 된다.

마지막 세 번째는 '투명하고 지속적인 소통'이다. 정기적인 현황 공유와 문제 발생 시 공동 대응을 위한 긴밀한 소통 채널을 가동하는 것은 협력 관계의 생명력을 이어가는 필수 요소다.

협력의 기회를 수동적으로 기다리기만 해서는 안 된다. 좋은 파트너는 저절로 나타나지 않는다. 콘텐츠 기업은 스스로에게 끊임없이 질문을 던져야 한다. '현재 우리 IP는 성장 단계에서 무엇이 가장 부족한 역량인가? 그 역량을 갖춘 최고의 파트너는 누구이며, 우리는 어떤 가치를 그들과 함께 만들어낼 수 있는가?'

성공하는 콘텐츠 기업으로 성장하기 위해서는 이러한 질문에 대한 답을 생태계 안에서 적극적으로 찾아 나서는 노력을 멈추지 말아야 한다.

③ IP로 성장하는 콘텐츠 기업이 되기 위한 '습관'

지금까지 IP라는 개념을 거치며 새로운 시대의 콘텐츠 기업의 성장 전략을 살펴보았다. 콘텐츠산업의 구조가 IP를 중심으로 재편되어 간다는 것은 IP 측면에서 성장 가능성이 있는 콘텐츠를 어떤 식으로 만들어서 서비스하고 그 생명력을 키워나갈 것인지가 점점 더 중요해진다는 이야기이다.

액체 미디어 시대에 지속해서 성장하는 콘텐츠 기업이 되기 위한 여정은, IP를 팬들의 경험이 쌓이는 무형의 자산으로 인식하는 관점에서 출발해야 한다. 모든 콘텐츠 제작은 단기적 흥행을 넘어, IP의 가치를 키우고 포트폴리오를 관리하는 장기적인 투자 행위로 기획되어야 하고, 혼자 할 수 없기에 '우리'의 IP 가치를 함께 키워나가기 위한 최고의 파트너들과 연결되어야 한다.

이러한 성장 전략을 내재화 하기 위해선 IP를 중심에 두고 생각하는 '습관'을 기를 필요가 있다. 좋은 콘텐츠를 만드는 것을 넘어서, 콘텐츠가 실제로 사람들의 삶에서 어떤 의미, 즉 가치를 만들어낼 것인지, 그 가치를 계속해서 키우기 위해 어떻게 준비하고 디자인을 하고 이끌어갈 것인지를 계속 고민해야 한다.

이같은 과정을 거칠 때 콘텐츠 나아가 IP 비즈니스가 연결의 힘으로부터 나온다는 본질에서 출발해서 콘텐츠 기업으로의 성장을 이끌어 낼 힘을 기를 수 있다.

에필로그

이 책은 지난 10년간 '콘텐츠 IP'라는 세계를 여행하며 쓴 하나의 긴 기행문에 가깝다. 본래는 미디어 역사와 문화를 공부하던 연구자였던 필자가 콘텐츠 산업 정책 연구의 세계에 발을 들여놓으며 'IP'라는 개념과 만나게 되었다. 당시 맨 처음으로 연구 과제는 캐릭터 사업 관련이었지만, 연구를 끝내고 쓴 최종적인 보고서의 제목에는 'IP'(당시에는 '지식재산'이라고 했다)가 들어가 있었다. 정책 연구자로서는 초심자였음에도 이 개념이 큰 힘을 가지고 있음을 직감했다. 그때부터 IP에 대한 연구를 이어오면서, 지금은 거인이 된 여러 콘텐츠 기업과 창작자의 초창기 시절을 지켜보고 인터뷰하는 등 그들의 흥망성쇠를 바로 옆에서 관찰하는 소중한 기회를 얻을 수 있었다.

감사하게도 이전 직장이었던 한국문화관광연구원은 참으로 넓은 연구 범위를 허락해주었다. 그곳에 있는 동안 캐릭터, 웹툰, 방송, OTT, 영화, 출판, 잡지, 패션, 그리고 게임에 이르기까지, 콘텐츠 산업의 거의 모든 영역을 넘나들며 연구할 기회를 가졌다. 그 덕분에 IP라는 키워드를 들고 다양한 산업의 현장을 오가며, 각자가 가진 고민의 결을 직접 느껴볼 수 있었다. IP에 대한 연구를 스토리 분야로만 한정짓지 않고, 산업 전반으로 고민할 수 있었던 것은 이러한 경험 덕분이다.

이 책은 '콘텐츠 IP'라는 렌즈를 통해, 2016년부터 미디어 문화 연구자가 콘텐츠 산업 정책 연구자로 성장하며 마주했던 수많은 고민과 그 결과물을 담은 기록이다. 그렇기에 IP라는 개념에 대해 명쾌한 정답을 얻고자 하는 분들에게 도움이 되는 것은 물론이고, 이 복잡한 현상을 자기만의 언어로 소화해 콘텐츠 비즈니스의 미래를 준비하는 분들, 현재 콘텐츠 기업이나 비즈니스에 종사하고 있는 분들에게 충분한 도움이 될 것으로 생각한다.

책을 완성하기까지 예상보다 아주 오랜 시간이 걸렸다. 처음 집필 논의를 시작했던 2022년 1월에는 금방 완성할 수 있을 것이라는 근거 없는 자신감이 있었다. 하지만 여러 현장에서 강의하고 다양한 분야의 사람들을 만나면서, IP라는 개념이 수많은 현장 사람들의 각자의 필요와 고민 속에서 지금 이 순간에도 살아 움직이는 현상과 같다는 것을 깨달았다. 어쩌면 거친 파도가 몰아치는 바다를 직접 서핑하듯 모든 변화의 흐름을 온몸으로 겪어낸 지금에서야 비로소 그 경험들을 차분히 녹여낼 수 있게 되어 다행이라는 생각마저도 든다.

책을 마무리 하며, 무엇보다 오랜 기간 초보 저자의 좌충우돌을 끈기있게 기다려 준 좋은습관연구소의 이승현 대표에게 깊은 감사의 마음을 전하고자 한다. '습관'이란 키워드로 지속적으로 좋은 저자를 발굴하며 새로운 영역들을 조명해 온 '좋은습관연구소'야 말로, 이 책에서 다루는 'IP 투자자'로서 출판을 재정의하고 있는 곳이다. 이 책도 '변화와 성장에 도움이 되는 개인과 기업'의 좋은 습관을 위한 여러 책 중 하나로, 독자에게 유의미한 '경험'으로 자리잡을 수 있길 기대한다.

우리 삶에 필요한 좋은 습관 정보를 메일링 받으세요.

BH 059

모든 것이 콘텐츠다
: 유동하는 액체 미디어 시대의 IP 전략

초판 1쇄 발행 2025년 10월 15일

지은이 이성민

펴낸이 이승현
디자인 스튜디오 페이지엔

펴낸곳 좋은습관연구소
출판신고 2023년 5월 16일 2025-000257호
주소 서울특별시 마포구 월드컵북로 400, 서울경제진흥원 5층 출판지식창업보육센터 18호

이메일 buildhabits@naver.com
홈페이지 buildhabits.kr

ISBN 979-11-93639-56-6 (13320)

- 이 책은 저작권법에 따라 보호받는 저작물이므로 무단 전재와 복제를 금지합니다.
- 이 책의 내용 전부 혹은 일부를 이용하려면 반드시 좋은습관연구소로부터 서면 동의를 받아야 합니다.
- 잘못된 책은 구매하신 서점에서 교환 가능합니다.

좋은습관연구소에서는 누구의 글이든 한 권의 책으로 정리할 수 있게 도움을 드리고 있습니다. 메일로 문의주세요.